La antesala del beso

INCENDIARY
Collection
Homage to Beatriz Guido

Homenaje a Beatriz Guido
Colección
INCENDIARIO

Cristina Gufé

LA ANTESALA DEL BESO

Nueva York Poetry Press LLC
128 Madison Avenue, Oficina 2NR
New York, NY 10016, USA
Teléfono: +1(929)354—7778
nuevayork.poetrypress@gmail.com
www.nuevayorkpoetrypress.com

La antesala del beso
© 2025, Cristina Gufé

ISBN 13: 978-1-966772-61-3

© Incendiary Collection vol. 8
(Homage to Beatriz Guido)

© Publisher & Editor-in-Chief:
Marisa Russo

© Editor:
Francisco Trejo

© Graphic Designer:
William Velásquez Vásquez

© Layout Designer:
Montezuma Rodríguez

© Autor's photograph:
Autor's personal archive

© Cover Artist:
Osvaldo Sequeira

Gufé, Cristina
La antesala del beso, 1ª ed. New York: Nueva York Poetry Press, 2025.
216 pp. 13.97 X 21.59.

1. Spanish Fiction.   2. European Fiction.

Library of Congress Classificacion: PQ6600-6699 G79L3

All rights reserved. No part of this publication may be reproduced, distributed, or transmitted in any form or by any means, including photocopying, recording, or other electronic or mechanical methods, without the prior written permission of the publisher, except in the case of brief quotations embodied in critical reviews and certain other non-commercial uses permitted by copyright law. For permissions contact the publisher at: nuevayork.poetrypress@gmail.com

Para Elssie Cano,

en señal de gratitud.

Siempre he sentido una fuerte atracción por los personajes de la historia y la literatura que son capaces de grandes pasiones. Me parece como si, flagelados por la vida, tuvieran acceso a una dimensión distinta de la del amor, quizá ligeramente superior a ésta. Tal predilección mía por las pasiones furiosas, quizá refleja mi lado romántico. En cualquier caso, creo que la pasión nos proporciona un sentido de ebriedad, creo que es una suerte de embriaguez que nos abre nuevas dimensiones de la vida, porque, si bien en el preciso instante de la pasión estamos cegados, acto seguido se adquiere una forma peculiar de lucidez.

ANTONIO TABUCCI

(Citado por Jorge Herralde en "Por orden alfabético" Editorial Anagrama. Colección Compactos, Barcelona septiembre 2013. Páginas 289, 290).

I.

¡Basta de preámbulos!

Esto es un relato referido a una pasión. La descripción de hechos en relación con lo invisible. La experiencia existencial de un ser humano vivo. La incomunicabilidad del sentir. La transcripción en palabras de algo interno, destinado a morir porque no halla hueco, o la transformación en lo que ha sido: pasión infinita suspendida al azar cercando cielo, aproximación a rezos, desesperación y sufrimiento que algún día acabará.

No sé si ya pasado el siglo XX continúa siendo lícito decir que los hombres y las mujeres pueden enloquecer unos por otros. No sé si sucede en realidad o solo en la mente de los artistas; si sucede en algún lugar, o, sin lugar, sucede. En este tiempo que vivimos de pretendida igualdad entre los sexos, resulta extraño reconocer que un congénere de especie consiga alcanzar la categoría de artífice del mayor desequilibrio, provocador del deseo de llorar porque sí, por existir. Ya no está de moda reconocer que la pasión amorosa y el deseo sexual logren acercamientos místicos de proporciones inmensas. Las ciudades tal vez no son los mejores espacios para la relación. O sí. ¿Podría haber algo más hermoso que la conversación en un café o un paseo en coche? ¿Acaso lo sería rodar por un campo o mirar estrellas en el anochecer? No hay nada que no se pueda hacer en una ciudad, al menos con la imaginación, y, teniendo en cuenta que esta pasión es ahí donde se desarrolla, creo que la ciudad será el ámbito adecuado.

¡Basta de preámbulos! Me producía temblores verle. Me maravillaba su cuerpo. Me obsesionaba todo lo referido a él: su casa, sus hijos, su esposa, su trabajo, sus manos, su modo de moverse, su arrogancia, la calma con la que parecía admitir la autonomía que le permitía vivir siendo alguien solo, separado de mí, y caminar independiente sin ser un siamés de mis más profundos pálpitos: seísmos internos que yo me los comía adornados de nombres referidos a meses, o con los manjares de la cotidianidad que yo hubiera podido restregar por los alrededores de mi lengua, de mi cuerpo, de cualquier cosa.

Nada de esto habría sido si todo hubiera sucedido de otro modo, es decir, si mi pasión por él no hubiese estado precedida de un sufrimiento tan grande; y es que la pasión no alcanza plenitud si no se halla cercada por la muerte. La vida, la muerte, y el amor, son los vértices de un triángulo; al menos, del triángulo de perfección que invento porque deseo belleza como la única compensación ante el remolino de imposibilidad que la pasión genera.

En sí misma parece ser una señal, algo que te indica por dónde debes ir; camino circundando las proximidades del infierno. Como si el alma se volviera combustible con la finalidad de arder, aunque las exigencias vitales no permitan con facilidad que el alma arda. Muñecas o muñecos de papel decoran las escenas: una configuración humana con aspecto de chica se siente la elegida para arder mejor, sin pena ni lástima; arder era el destino, pero no hay fuego, ni humo. Se extiende solo sequedad para tragar peor el aire y la arena que el aire lleva desde aquí hacia allí, por todas partes. Los sábados se asemejan a colinas, los domingos a desiertos con tobogán, la perspectiva de la próxima semana al terror, y los meses se parecen a extensiones de pelo sin mano y sin peine. La luna se vuelve indiferente, como si fuese igual verla desde Austria o Kenia, Nairobi, Ruanda, el mar del sur, la Antártida; los países se convierten en bolas; se quisiera hacerlo todo comestible: cosas para devorar, ya que la palabra amor está vilipendiada ('está enamorado/ enamorada' y la gente siempre gusta acompañar esa frase con una sonrisa, o una risa en carcajadas ¡qué más da, el sol sale de igual modo!); se desea comer las manos de cualquiera. Chupar las manos, que la lengua visite alrededores de prados, paisajes de molinos, vidrieras; horadando, convertida en olfato; y se desea tocar con la nariz porque los cuerpos huyen, escapan del abismo.

¿Qué posibilidades tiene un ser humano a lo largo de su vida de provocar en otro una pasión? Esto estará en relación con las capacidades que tenga de transformarse en alguien distinto de quien era; proceso que le va a permitir alejarse de la máscara que le ocultaba y, a la vez, acercarse a alguno de los vértices de su más profunda naturaleza que le sorprenderá a sí mismo con un brillo desconocido hasta entonces.

Cuando algo así sucede el cuerpo humano entero se convierte en símbolo. Se explicará por qué.

II.

LAS MANOS

Estaba acercándose el verano. En alguna de aquellas mañanas se recibió en casa la llamada telefónica que nos comunicaba la noticia del fallecimiento de mi hermano Luís, en la autopista...

Por un instante comprendí la gravedad de la situación que encerraba poder para cambiar mi vida. No recuerdo con exactitud las palabras que se usaron para que yo entendiese lo que había pasado, pero así es como lo percibí: con el esplendor brillante y nítido de la evidencia, es decir, asimilé que Luís estaba muerto. Sin titubeo, sin sentir miedo ni temblor en las piernas, sin flaqueza, me dirigí al lugar donde se hallaba, adonde ya le habían trasladado.

Fue allí cuando saboreé el fulgor resplandeciente y dormido de la nada, la coraza amarga del cuerpo encerrado de Dios mismo, las ilimitadas consecuencias del poder de Dios. Dios se me hizo presente, no como si no existiese, sino existiendo activamente como nada: una nada repleta y consistente, complacida y engordada de sí misma, capaz de lo desconocido hasta entonces para mí y, sobre todo, capaz de sacar de una vez a la luz pasiones intensas como valles; la fuerza erótica era el esplendor de todo aquel cúmulo de sagacidades encubiertas.

Mirando de frente a mi hermano muerto no sentía nada; me encontraba indiferente a la posibilidad de sentir, traspasada por algo nuevo y sorprendente, con un color distinto del que se habría podido imaginar manejando conceptos anteriores como 'tragedia' o 'muerte'. Todo estaba siendo distinto; no existían las palabras adecuadas para aquel hecho primero, así no resultaría admisible aceptar lo conocido hasta entonces, sino que habría sido preciso inventar un nombre para designar hechos primitivos en su recién nacida originalidad y que abrirían cauces en el ser, en el transcurso, en las relaciones futuras de los seres que aún quedaban vivos.

A la vez, deseaba entre dolor —el dolor traspasado de su umbral se difumina, se esconde, escapa del lenguaje—, que alguien me agarrara las manos; era ahí donde se concentraba el sufrimiento: de los antepasados, de los amores imposibles, de los sentimientos de culpabilidad. Las manos se convirtieron en la central nuclear de las potencialidades energéticas con tendencia a explotar, y también en ellas se hallaba la herencia filogenética de toda nuestra especie; la evolución del mono a la caricia de amor, el traspaso de la desesperación al sentirse obligado a reproducirse, hacia la solitaria sabiduría que nos confirma en nuestro ser cercano o pariente de los ángeles.

Las manos concentraban las posibilidades de realización y la herencia entera de la escala evolutiva. Mirando hacia atrás aparecía la escalera de primates, y en el medio del camino se mostraban los talleres de los pintores, los diseños de los arquitectos, los besos arrancados a las piedras en las esculturas, en fin, aparecía el arte y las comparsas del arte, coetáneos de diletantes incluidos se empujaban por entrar en el simbolismo excelso e intenso del dolor que se cercaba en mis manos. También comprendí con nitidez que mi hermano Luis no estaba allí. No podía saber dónde se hallaba, tal vez pegado a mis talones o como una sombra, ¿quién lo sabría?, o entre los libros de la biblioteca, o entre la carencia de espacio de mi propio pensamiento, incorporado a mí en cualquier caso; como una caricia que jamás se atreve, como un beso intenso de proporciones enormes. Mi hermano se convertiría en el faro de mis próximos despertares, también de los futuros; así hasta la eternidad, donde no exista la delimitación de los confines, y yo pueda ver de frente la cara de mi hermano, sin la soledad que lo aleja de mí, sin la soledad que me hace ser a mí alguien distinto de él.

La concentración del dolor en las manos, o la consciencia de lo cercanos que están los órganos de la respiración de un cuerpo del corazón de ese organismo, es decir, del mío; notar que la angustia ahora iba y venía hacia un lugar; de allí hacia aquí, del corazón a la garganta, del pecho exterior a los pulmones, del alma —soterrada por siglos de materialismo— a la punta de la lengua capaz de resucitar el beso no dado en un verano adolescente...

Por eso, o no sé por qué, se activó el recuerdo, la necesidad que yo tenía de ver, de tocar, al hijo del portero del edificio de mi casa. Solo él me podría consolar. También necesitaría la compañía, el afecto de mis amigos, de la familia; pero solo las manos —que yo había visto— de ese casi desconocido, podrían atenuar la intensa fuerza del dolor que mantenía a mi alma atrapada en la incomunicabilidad total, a pesar de que no había olvidado el idioma que había hablado desde niña, ni abandonado el país en el que nací.

Solo ese hombre, en este momento de mi vida y de los hechos, tenía poder para convertir la muerte en vida, el dolor en felicidad, la desesperación en dicha, la oscuridad en luz, la nada de Dios en el Ser de Dios, el odio por la vida en amor a la vida, los inconvenientes y las determinaciones de la biología en trampolín de exaltación hacia el espíritu. ¿Cómo alcanzar ese milagro?, ¿cómo escapar con elegancia de las ganas que yo iba a tener de sucumbir, de odiar, de llorar sin interrupción, en algún momento de todo este espantoso proceso? Lo único que podía hacer, y eso hice, era resistir; reunir todos los manojos de la desesperación anunciando huecos por los que huir, apretarlos con fuerza ante el recorrido visionario de la mente que me anunciaba milagros, y no dejarlos partir, es decir, no volverme loca.

Mi hermano Luis no solo había sido un hermano: esto lo explicaré. Y el hijo del portero de mi casa era el hombre más atractivo que yo había podido tener ante mí en los desperdiciados últimos años de mi vida, hasta el punto que parecía imposible que alguien como él no fuese el actor que se está viendo en una película, o se sabe que vive en otro país, sino que, con seguridad se comprueba que está cerca, en la misma ciudad en la que uno vive, así, soporta las mismas embestidas del clima, de los cambios de temperatura, pasea por las mismas calles.

Era un hombre percibido como guapo, depositario de una belleza más completa que le trascendía y que iba más allá de sí mismo. Él nunca podría llegar a comprender si por fin yo llegaba a lanzarme a su cuello, cuál estaba siendo el papel exacto que le tocaba representar en el conjunto de la función que sucedía sin permiso en todos los alrededores de nuestras vidas y también en el centro, en el alma de la posibilidad de la dicha, en el círculo de realidad que se nos estaba mostrando por primera vez a todos, es decir, a él, a mí.

Sería engorroso tener que contar con hoteles, lugares en cualquier modo clandestinos, para lograr nuestras citas, pero ¿acaso no sería esto la culminación en la realidad de la proliferación de imágenes que yo tenía ya desdibujadas en mi mente desde la adolescencia y que señalaban ámbitos de plenitud ilimitados? Las potencialidades de la poesía tendrían que explosionar a la primera. El poder de los versos de Pedro Salinas y Luis Cernuda estarían allí, apareciendo vidriosos, mezcla de temblorosos y nítidos con sus promesas de ruptura, sin abandonar el cuerpo todavía. Eso sería la exclusiva ocasión de traspasar los límites de la vida, para tocar con ello a mi hermano, y, a la vez, supondría una comodidad no tener que morir en la totalidad biológica de la infinitud sucedida, no habría que morir en el sentido estricto de la palabra. Pero ¿cómo alcanzarle?, ¿cómo romper el cúmulo de prescripciones medio asesinas —ante la indiferencia de todos—: distinción de clases sociales, compromisos contraídos con anterioridad, familia, hijos, normas de convivencia, convenciones sobre lo que es respeto, marcas de linaje, dificultades geográficas o locales planeando ante la dificultad de encontrarse en un punto exacto del espacio para poder mirarnos, tocarnos, besarnos?

Reflexiones de este tipo fueron posteriores. Yo pensaba en Tomás —me avergüenza determinar su nombre; siento, al hacerlo, que se me escapan todos los secretos, las concreciones relacionadas con el deseo de hacer el amor—, como en un ángel salvador, el ángel capaz de trasladar ríos de agua con la que sofocar las quemaduras que me trituraban las manos. Pensaba en él como en una difusa nave planeando alrededor de mi cabeza. Antes del accidente de mi hermano ya le recordaba, pero solo después y en simultaneidad, se decidió la necesidad de hallarle como la marca de la liberación y el abismo, la salvación y el peligro.

III.

Fiesta de cumpleaños

Mi casa es un edificio de diecinueve plantas. El portero nos entrega las cartas. Me fijé en Tomás por primera vez hace unos cinco años. Sé que él me conocía de verme entrar y salir. Pasó tiempo fuera de España, en Inglaterra, y estudiando en la Universidad. Una vez nos encontramos en la calle y estuvimos hablando de M., una vecina del edificio que estaba enferma, y durante aquella conversación creo que pasó por mi cabeza la idea, tan remota entonces, de enredarme en sus brazos, e intenté imaginar, sin ser muy consciente, cómo me veía él, ¿le resultaría atractiva? Ya me había desprendido de la rabiosa juventud, pero estaba lo bastante joven —pensaba— como para que alguien pudiese enloquecer por mí, es decir, para que la edad no fuese el problema, la dificultad haciendo traba a algún estilo de plan infinito.

Era extraño que, de un hombre en apariencia normal como el portero, pudiese salir un hijo tan extraordinario —algo así me dije durante aquel encuentro—. Podría ser que los genes definitivos en la constitución de aquel ser procediesen de su madre, aunque, pensándolo bien, el portero emanaba, a través de sus pequeñas acciones, una enorme bondad.

M., la vecina de la que Tomás y yo hablamos aquel día, era una mujer conocida; había sido actriz y conservó hasta el final todo el encanto de su belleza cultivada; mantuvo estrecha relación con varios vecinos del edificio, también conmigo. Me enteré de la muerte de M. porque el portero hizo el encargo a su hijo de que nos diera el aviso; Tomás tocó el timbre de casa y me dio los detalles al respecto. Pasaron varios años.

Luis y yo recuperamos la relación en mi adolescencia. Un conjunto de circunstancias familiares nos separaron. Siendo niño se fue a vivir a Bogotá con unos tíos. Cuando regresó y pudimos descubrirnos el uno al otro, yo tenía diecisiete años y él veintitrés.

Intentaré hablar de mi hermano de un modo sintético, así he de decir que, al igual que yo, y a pesar de que él era un chico, los dos estábamos enamorados del amor. En mí, esa determinación abarcadora iba a traducirse en vocación literaria y, en él, en un desmedido deseo de vivir alrededor del riesgo apurando la vida, yendo al encuentro de algo que sentía que, en algún lugar, le llamaba.

Le presenté a mis amigos, para salir. Disponíamos de muchos ratos para charlar porque vivíamos en la misma casa. Creo que con él descubrí las infinitas posibilidades que encierra la relación entre un hombre y una mujer que se comunican. Me invitó a desear para el resto de la vida; valía la pena, comprendí, encerrarse en un purgatorio de indefinición y zozobra solo por si se daba la remota posibilidad de progresar, desde un punto de vista existencial, en relación con alguien. La marca erótica de la diferencia de sexos jugaba el papel. Éramos hermanos, pero ese concepto no impedía avanzar en los descubrimientos.

Recuerdo que en una ocasión, durante la fiesta de mi cumpleaños, se rozaron nuestros labios en el momento de felicitarme, acto que sirvió para que se afianzara ante mí un atractivo que yo sabía que no tenía su origen en las nociones familiares que se mezclan con la sangre, sino que la procedencia de esa fuerza guardaba relación con el espíritu.

A Luis le gustaba vivir, la velocidad en el coche y, según decía, «la Belleza de la Naturaleza y las mujeres». Por aquel entonces yo veía a las chicas como seres algo pringosos, con granos y cuerpos moviéndose necesitados de un apuntalamiento que llegaba con el desarrollo pero que, mientras este no concluía, las dejaba en un estado de falta de concreción que las hacía parecer casi siempre feas. En cuanto a las mujeres, en general, me parecía que no encerraban tanto misterio como los hombres; no me gustaba la limitación que pronto creía encontrar en ellas. La causa de esto podría estar en que yo era mujer. Fue Luis quien me permitió vislumbrar otros ángulos de visión.

Me dijo que la amplitud, el acto de asistir a la apertura de puertas sucesivas, de modo que cada vez llegase más aire a nuestro interior..., solo podía lograrse por el lado de la transgresión. La prostitución, práctica ancestral para el sexo femenino, suponía una carga potencial multiplicadora de la cual la inmensa mayoría de las mujeres no eran conscientes, pero que las situaba en posición de superioridad sobre los hombres. Las mujeres podían ser transgresoras o no, en lo referido al sexo, y una vez que lo habían sido, podían seguir siéndolo, mientras que los hombres, el hecho de que lo fuesen en algún grado, ya era casi una obligación por el papel que siempre habían tenido que jugar.

Todo esto les daba a las mujeres unas posibilidades combinatorias especiales.

Me contó —para que yo entendiese mejor lo que quería decirme— uno de los sueños repetidos en su adolescencia:

La panadera de la esquina de mi calle se me apareció vestida con hábitos de religiosa. Los labios blancos se le transformaron en rojos. Los trajes oscuros de la vestimenta dejaban paso a la visión interior de lo que la monja llevaba por dentro: lencería finísima con encajes. Un cuerpo al descubierto lleno de marcas de labios, definitivos, como tatuajes. Aquellas señales eran la provocación, de modo que yo ardía en deseos de dejar allí mi propia marca.

Después de esas conversaciones comprendí que, si bien sería imposible que adoptase su punto de vista, las cosas no eran tan simples como yo las veía. En cualquier caso, el principal descubrimiento consistió en comprobar que nuestros dos cerebros se hallaban repletos de imágenes, de sueños, de deseos, de necesidades.

Me dijo que cuando era niño soñaba con masticar sirenas. Deseaba que las mujeres se volvieran pececillos para agarrarlas por la cola y tragárselas como sardinas. Eso y los ropajes:

Tal vez habría podido ser un diseñador, así pensar en los vestidos que yo les pondría: medias, zapatos. O ser un ingeniero pensando solo en coches de mujeres, habitáculos a los que ellas acudirían por el único gesto de entrar y salir. Refinamientos externos —proseguía— destinados a seres que sangran cada mes, como cumpliendo con grosería su filiación con la carne, con el olor de las bestias del mundo animal; y que guardan en su vientre todo un engranaje relojero, íntimamente conectado al tiempo, a los ciclos naturales, a la circularidad susceptible de las lunas. Las mujeres son la selva de la posibilidad; nunca están lo bastante degeneradas, y nunca alcanzan el misticismo que les podría corresponder a estos espíritus infalibles en la búsqueda incansable de sus objetivos. La gran limitación de las mujeres viene solo por el grado del conformismo porque entonces... mueren. Mueren cuando renuncian a indagar en su femineidad.

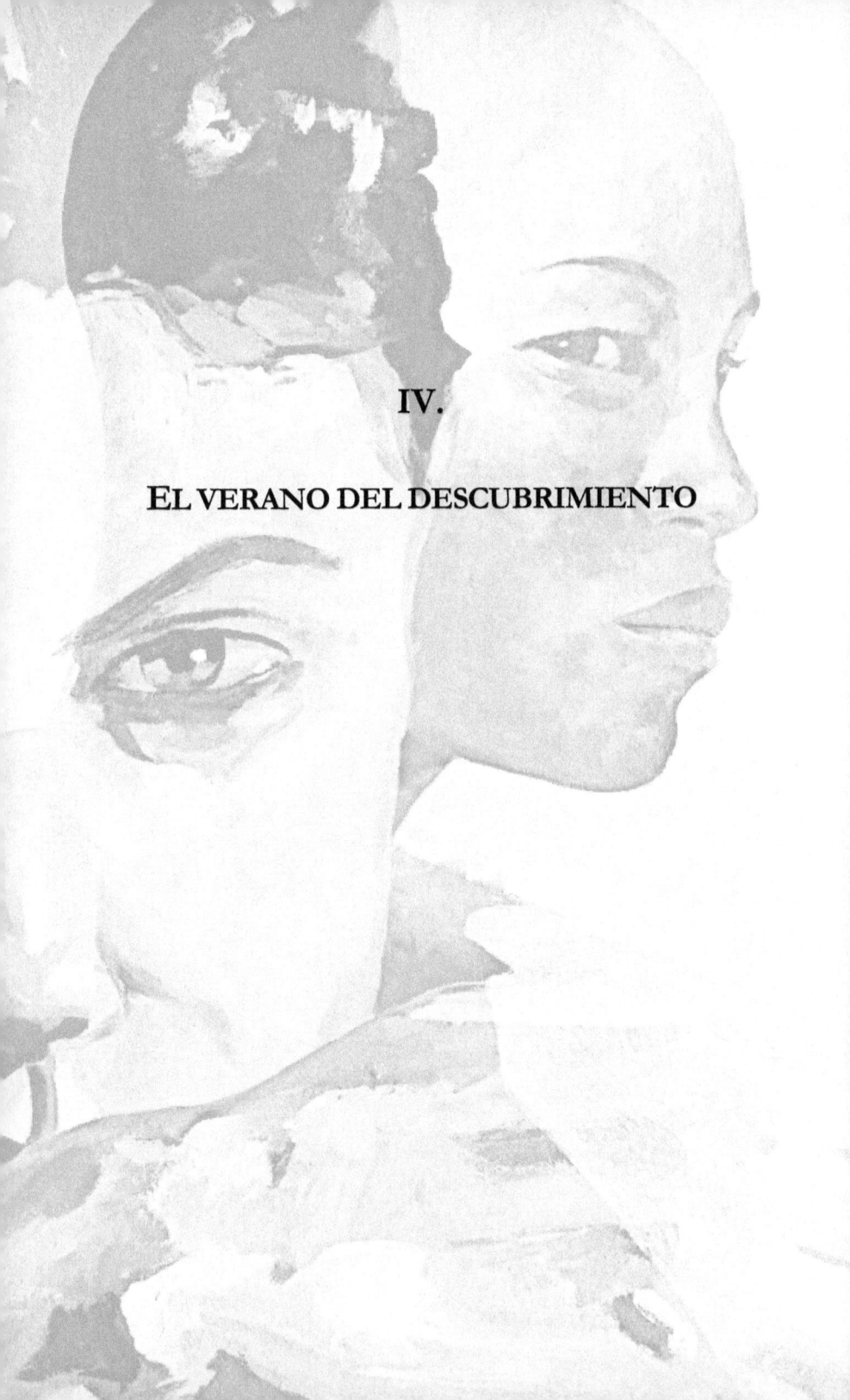

IV.

EL VERANO DEL DESCUBRIMIENTO

Luis parecía un *summun*. En él adquiría sentido la palabra latina descubierta en su momento. Les otorgaba brillo a los instantes; le dio enorme intensidad a aquel verano del descubrimiento —cuando nos conocimos— y siempre después. Los daños que la temporalidad imprime en cada cosa se atenuaban en torno a él; el tiempo tenía conjuros y treguas en el espacio que ocupaba mi hermano.

Recuerdo que yo llegaba a casa a media tarde, de la playa; me abría un poquito la puerta, asomaba su cabeza por allí y decía sonriéndome: —¿Qué vas a querer de merienda: chocolate, fruta?— Hacía que me sintiese interesante. Nunca otro hombre logró transmitirme la misma sensación. En ningún momento nos mareó la noción de 'incesto': lo nuestro se relacionaba con la libertad, sin embargo, creo que mis relaciones posteriores solo pudieron moverse alrededor de tópicos.

A veces nos quedábamos hablando hasta la madrugada aquel primer verano cuando llegó de Colombia. Me inoculó la convicción de que yo llegaría a hacer cualquier cosa que me propusiera y que tenía capacidad para ser mejor que todos los demás, al disponer de talento y poder de creación. Con sus palabras se introducía en mí el color del Caribe, la posibilidad de la pasión de algún meridiano sur, la fuerza de las determinaciones de lo que no puede ser de otra manera. En algunos momentos sentía un temor lejano, como si juntos nos acercásemos a un peligro. A menudo he pensado que toda relación entre nosotros habría sido siempre limpia, teniendo en cuenta el predominio que existía de la fuerza mental. Luis me empujó hacia la literatura; contribuyó a que se hiciese, aún más clara, esa tendencia mía a retrotraerme hacia los fondos; a buscar siempre, incluso en los desiertos, o en los parajes yermos, manteniendo la secreta convicción de que la realidad es circular y que al lado del horror está la Belleza adherida, de modo que siempre se puede extraer algo de la carencia.

Aunque yo no lograse un verdadero despliegue de las potencialidades que se me mostraban en aquel tiempo, sí había podido intuir cómo hubiera sido una verdadera existencia. La vida para mí solo podría realizarse en torno a la relación, al pensamiento, a la comunicación con otros seres humanos y, teniendo en cuenta que yo era una mujer, debería proveerme de hombres. Cuatro o cinco hombres en torno a mí habrían bastado para que se ordenaran en el sueño, y fuesen pasando, dejando la marca del beso, como los tatuajes en el cuerpo de la monja del sueño de Luis. Tendría que repartir las acciones exaltadas de hermosura referidas al hombre A, al B, al C, al D... Si no conseguía la materialización en el orden de lo real de todo aquello, solo me quedaría el arte como ámbito de combinaciones infinitas, contando como aliada con la memoria, y decidiéndome sin demora a no dejar pasar más días cuando la desesperación me llegase al cuello: algo que ha sucedido.

Siempre le he tenido miedo a la fuerza apisonadora de una mente lógica. Había algo en la existencia de Luis que a mí me advertía de la firmeza de la necesidad. Aunque hubiese cuerpos volantes o sonrisas alrededor de nuestros momentos juntos y de las conversaciones, yo sabía que, llegado el instante de la luz, a él y a mí nada nos podría detener. Para nosotros la amenaza de la muerte sería poca cosa si estaba en juego la posibilidad de obtener un resquicio mayor de auténtica Belleza.

Luis viajaba. Se había dedicado a recorrer las abigarradas carreteras de Colombia. Le atraía el juego de colgarse de los puentes, quedar pendiente de las cuerdas y contemplar los paisajes desde lo alto. Le gustaban los sueños tanto como a mí, aunque yo prefería encerrarme en un cuarto para soñar; me resultaba más provocativa la reclusión, las acciones traspasando la mente con auténtico poder de filmación; así después, suceda o no en realidad, ya ha sucedido: se puede volver a proyectar una y otra vez.

V.
Paraje incierto

Después de la muerte de mi hermano floté en un paraje incierto. Los amigos y conocidos fueron arrasados por el dolor, y allí no había nada. Observaba a los transeúntes por la calle y parecían insectos manejados por hilos; como si me hubiese visitado una fuerza con poder para separar los mares y dejarme pasar, y en esa línea divisoria quedaron alejadas las personas anteriores, aquellas que yo había visto antes. No sentía el contacto ni las palabras; me eran indiferentes los consuelos; nadie hacía lo que debía, y algunos no hacían nada: se habían adelantado a mi sensación y se evitaban toda molestia. Los amigos se volvieron conocidos, los conocidos, gente a la que solo había visto alguna vez, y los conocidos de vista se volvieron desconocidos, es decir, todos se retrotrajeron a un estadio anterior en la evolución de las relaciones humanas. Y ante mí, situado como un estandarte, se hallaba la síntesis de mi bien ganada afición a la soledad: el aguijón del dolor punzante como humo, difuso en su poder abarcador, etéreo. Yo allí, sin consuelo, me encontraba de frente ante cada amanecer, como si los amaneceres futuros se hubieran convertido en aperitivo para moscas voladoras con antenas de gorila y patas de carnero. Flores podridas visitaban mi cabeza con sus imágenes de destrucción, y los jarrones rompían sin sostenerse; la belleza de las flores deseaba unirse al caos de los estercoleros, y carecía de poder para mantener el equilibrio ante toda aquella algarabía de las formas. Me levantaba durante las madrugadas de mi cama; iba en busca del consuelo conceptual de los filósofos místicos medievales alemanes y encontraba intensas sugerencias que se mezclaban con la tenue tibieza de la temperatura del verano. Me volvía a acostar, después de beber la infusión tranquilizadora pero que no me tranquilizaba. ¿En qué se convertía un ser amado tras su muerte? Carecía de respuesta, pero necesitaba la respuesta. No había sido educada para esta situación. Nadie me había dado la combinación milagrosa que adormeciera o engañara, o despertara mi mente a una evidencia tan drástica y contundente, tan sorda e impía. Enloquecía ante tanta soledad, debatiéndome entre los barrotes limitadores de los contornos de mi espíritu. Era una lástima ser un individuo, era una lástima ser: nadie podía ser de otro modo. La prolongación subjetiva que nos hace sentir en relación con otros, es engañosa, pensé: somos individuos, solos, provistos de cauces individuales para la sangre por donde circula en las venas bien trazadas para cada ser; la naturaleza se molestó en la infinitud de las multiplicaciones, marcando bien la separación; cada río es su sangre, cada cuerpo encierra su poder, es una autonomía; sin embargo, la sociedad se engaña a sí misma; crea nociones como 'familia,' 'nación', 'comunidad', intentando encerrar conceptos únicos pero referidos a grupos; así, 'fidelidad', 'autoestima', 'autorrealización', incluyendo, claro, una buena relación con los demás...

¡Qué falso es todo eso!

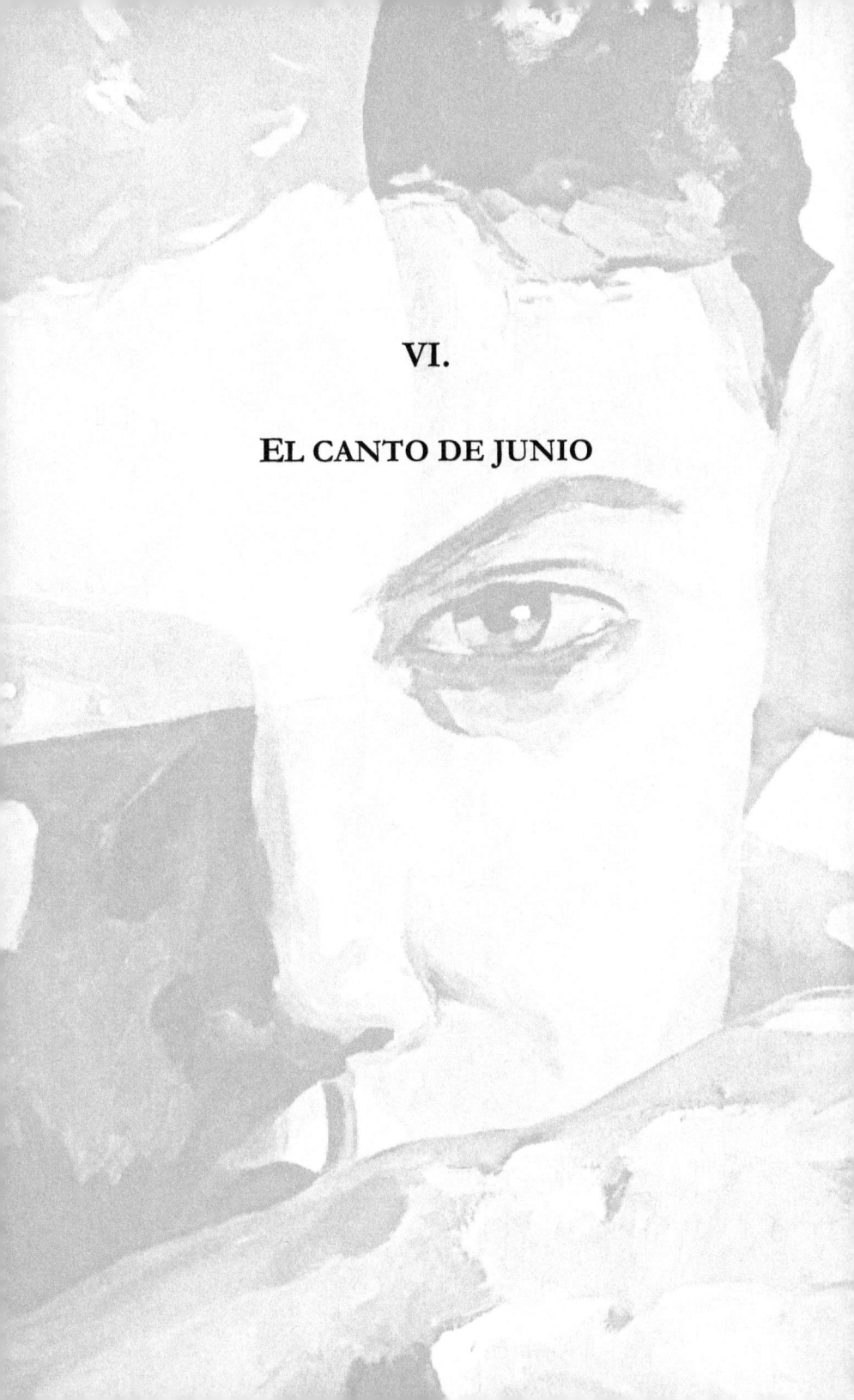

VI.
EL CANTO DE JUNIO

Cuatro días después de la muerte de mi hermano encontré a Tomás, el hijo del portero, en el portal de casa. Él desconocía lo que había ocurrido, sin embargo —me pregunto ahora—: ¿qué vería en mi expresión que le hizo transgredir las convenciones sociales ordinarias, y se atrevió a dirigirse a mí como lo hizo?
—¿Qué te pasa?, me dijo.
—Se murió mi hermano. Su rostro adquirió una rápida quietud.
—¿Te apetece tomar un café?
—No, acabo de tomarlo —contesté.
—Pero podemos ir a otro lado. ¿Adónde te quieres ir? (Aquella pregunta parecía admitir la posibilidad de que se pudiese abandonar el espacio...).
—Está bien, vamos a alguna parte —le dije.

Mientras intercambiábamos estas palabras, yo iba saboreando la presencia, su cercanía. Vislumbré con nitidez la posibilidad de la salvación. Salimos de allí, caminamos hacia su coche. Me temblaba la lengua, me costaba hablar sin tartamudear.

Fue entonces cuando tuvimos los exclusivos instantes nuestros. Podía llegar a justificarse la soledad. Durante el trayecto en coche le dije que le había recordado durante aquellos días. Él se extrañó y, a la vez, no se extrañó. A partir de ahora todo iba a ser inesperado, sorprendente, manejado bajo las más estrictas exigencias de la lógica. Íbamos a ser suspendidos por hilos divinos en una simbiosis perfecta con nuestro sentido de la libertad. Descubriríamos, por primera vez después de mucho tiempo, la escandalosa belleza de hallarse frente a un ser un humano de otro sexo, y poder pensar en las posibilidades todas, provocando y prometiendo allí. Yo veía sin mirarlo —de refilón— su cuerpo, a mi lado, mientras caminábamos hacia el café y me esforzaba en sostener los temblores de la lengua. Era el canto de junio, ensordecido por la sorpresa de la muerte, lo que se hallaba entre nosotros, como en los fondos. Y las rabietas contenidas de las noches futuras iban conmigo, nos acompañaban; pero nada de eso era visible porque en esos instantes yo poseía su paso al lado, aquel cuerpo grande, tan grande para mí, y se anunciaba el inmediato contacto. Hasta hubo un momento en el que lo agarré y lo solté, rápido. Me dolían las manos. Nos sentamos. Nos cercaban por detrás unos matorrales plantados en la terraza veraniega y se podía respirar con placer el ruido de la circulación en el mediodía. Le pedí que me tocara; lo hizo. Recibió mis manos y el dolor que transitaba por las venas, como un envío que él no había solicitado. Giraron juntas nuestras manos. Exploraron distintas posiciones e interrelaciones antes de quedarse quietas en la mesa. Dejé mi mano abajo para hacerle creer que él había iniciado el contacto y no yo, y que, en adelante, debería tomar la iniciativa; es decir, su mano y la mía se hallaban juntas, como dos moscas copulando, pero era la suya la que estaba sobre la mía.

Me referí a un sueño que había tenido; le dije que había soñado con él; insistió en que le contase el sueño. Lo hice, con dificultad. Entre el temblor de la lengua y la explosión de romanticismo estaba turbada; pero mientras le iba contando me hacía consciente de mi boca, de mis pestañas, del color de la ropa que llevaba puesta —azul claro—, de las sortijas, del peinado, de las gafas de sol, de los zapatos.

—Parecemos los protagonistas de una película francesa, aquí, hablando en un café. Yo deseaba filmarlo todo para huir después a mi habitación y recrear la proyección hasta cansarme. Le hablé del beso de mi sueño... así que...— Bésame —le dije.

—Sí, contestó, con voz de condenado. Sentí el contorno de mis labios. Pensé en cómo estaría descubriendo mi boca, él; en la capacidad de los labios para ser siempre los primeros labios del mundo al besarse por primera vez. Interioricé la carnalidad esplendorosa que contienen; comí su presencia, saboreé rasgos de quietud y sabía —aunque no lo recordé en aquel momento—, que solo tendría el arte para recrearlo después, cuando hubiese pasado el momento, y cuando las condiciones sociales y la falsedad de la vida orgánica y las exigencias de la salud, nos obligasen a olvidar hasta hacernos dudar de que hubiese sucedido.

—¿Cómo me ves? —pregunté.

—Extraña —dijo.

—¿Te gusto?

—¿Físicamente?

—Sí.

—Pues no me lo había planteado.

—Eso se sabe enseguida —añadí— (no importaba la ambigüedad, las manos estaban entrelazadas).

Me habló de su obsesión por el sexo; de la fascinación que ejercía sobre él la idea de la transgresión como único modo de huir de una realidad circundante cada vez más aburrida. Lejos de parecerme horrible todo aquello, lo percibí como un resplandor que estaba llegando a nosotros desde otro lado. Me hice la romántica y etérea, pero yo también quería sexo. Tal vez algo más completo que eso; en realidad, lo que yo anhelaba era la luz que debíamos obtener los dos, como carbón extraído de una mina. Se refirió a la atracción que ejercían sobre él las mujeres muy jóvenes, y entonces me entró la duda de que yo le pudiese gustar. (Después de padecer durante tanto tiempo el inconveniente de no tener la edad para ver las películas de mayores de dieciocho años, comprendí que ya no era tan joven). Me nombró varias vecinas del edificio de mi casa y me quedé sorprendida de que algunas de ellas pudiesen parecerle atractivas. Yo continuaba con mis referencias abstractas, mientras él decía que en lo que pensaba siempre era en el acto sexual.

Resultaba sorprendente que aquel hombre, tan atractivo para mí, pudiese encontrar interés en mujeres que me parecían vulgares. Recordé lo que me había dicho mi hermano en relación con las posibilidades infinitas de cualquier mujer, como si solo nosotras fuésemos las depositarias de la llave que abre el paraíso de la carne, con capacidad para alterar el significado de conceptos consumados, así: perfume-mal olor; romanticismo-sangre; juventud-vejez; transgresión-pureza; belleza-fealdad; vida-muerte; muerte-vida.

Me preguntó por mis experiencias amorosas y, en esos momentos, no parecía inhibido; tampoco yo ejercía gran control sobre mis confesiones, así le hable de A. (mi profesor de literatura en la Universidad, el actual rector), de mi obsesión por él durante años.

—No sería extraño —me dijo— que intentases ahora comunicarte de nuevo con esa persona.

—No, no sería extraño, contesté, pero no lo voy a hacer. Eso ya pasó.

Al levantarnos de allí y dirigirnos al coche para regresar, volví a hacerme consciente de mi tristeza; parecía como si unos momentos antes no hubiese sucedido eso tan hermoso que ya nada ni nadie podría hacer que no fuese; como si me costara reconocer la plasmación del milagro: volvía a ser yo misma sin saber dónde estaba mi hermano. No podía aspirar a tener un consuelo continuado; tal vez, incluso, esa concentración de consuelo que ya había tenido me podría dañar. Al caminar volví a tomar conciencia del desarraigo con el mundo, de la incomprensión, del tono azul claro de mi atuendo, de la estatura de Tomás yendo a mi lado. Sentí la espesura y la protección que puede alcanzar un cuerpo masculino en relación con la perspectiva de una mujer; y me sabía radiante a pesar de la tristeza que me aguijoneaba por dentro, como una marca de soledad incomunicable. Recuerdo el ruido de los coches que nos llevaba al presente, tras esa escapada a los lugares sin espacio ni tiempo.

Propuso salir una noche próxima. Con mucho atrevimiento, por mi parte, le dije:

—¿Para qué, si ni siquiera sabes si te gusto?

—Yo lo decía solo para hablar— contestó. Se hizo el silencio.

Me estorbaba la tristeza, como una gran mosca; dificultaba mi capacidad de reacción. Aun así, apoyándome en mi sentido de la responsabilidad en relación con los surcos que ha de trazar el destino y también aspirando a ser salvada al fin por mi deseo, le dije:

—Está bien, llámame.

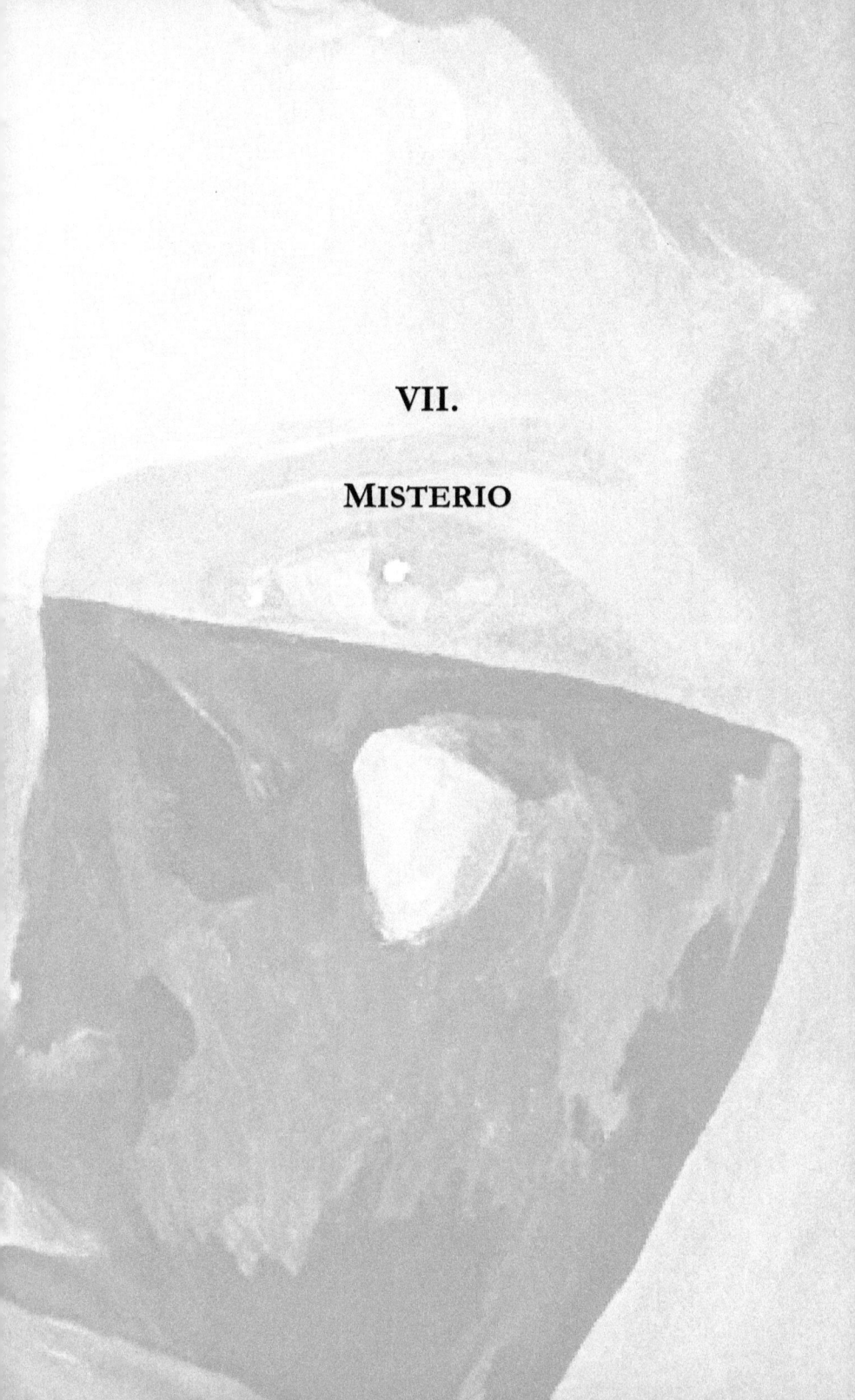

VII.

Misterio

Los siguientes amaneceres y sus noches fueron muy extraños. Parecía como si la muerte se hubiese aliado con el amor de modo que yo no podía delimitar con claridad cuáles estaban siendo mis sentimientos porque se hallaban entrelazados a la perfección. A veces, sentía enormes deseos de llorar, pero no lograba abrirme al llanto ante la premura, agolpándose en el cerebro, de palabras como: «habrá más noches». Las madrugadas me confundían. Dormía solo un rato y me despertaba dispuesta a indagar en el misticismo alemán, en las ideas olvidadas de la fe medieval con sus hilos sugerentes, enlazando con la modernidad de un modo desconocido por todos, ante el giro del estilo en el modo de vivir lo espiritual que ha tenido lugar en la civilización a la que pertenecemos, entre tanta grosería que nos ha alejado de un concepto tan sutil, como la nada. Calentaba la infusión. Colocaba mis manos alrededor de la taza. Miraba las puertas del ropero en mi vestidor y me hacía consciente, otra vez, de la presencia del verano.

Todo era parecido a vivir las últimas semanas de un embarazo: insomnio, infusiones enfriándose, soledad, alejamiento de los conocidos, y promesas de hechos futuros presentados con inseguridad y dolor, sin que pudiese el futuro aparecer ante nosotros sin todas las variadas formas de la minusvalía.

Tomás había dejado un mensaje en el contestador. Tenía la voz endulzada que ponen los hombres cuando desean algo. La voz que no teme el acercamiento a la ternura. Pronunciaba mi nombre, claro (¡qué bien sonaba mi nombre, dicho ahí, y vuelto a escuchar, una y mil veces!), decía que me llamaría en otro momento.

Volvió a llamar; nos citamos para el sábado. Yo lo imaginaba combinando movimientos con el fin de verme, sin extorsionar a su mujer. Alguna vez nos habíamos tropezado, al entrar o salir de casa, las veces en que Tomás venía a visitar o substituir a su padre. Llevaban, en un cochecito doble, a sus varones gemelos.

El mensaje que había quedado grabado en el contestador lo escuché una y otra vez. Me procuraba placer saber que estaba su voz ahí, a mi disposición. Después de colgar el auricular, me quedaba satisfecha sabiendo que volvía a tener aquella voz —susurrada con la fugacidad irrepetible de los inicios—, detenida, con todas las posibilidades de la repetición. Tal vez intuía que solo eso se iba a poder repetir: escucharle sin llegar a cansarme.

Parecía estar dando saltos de gigante hasta llegar a mí, con capacidad y decisión para vencer obstáculos. Todo esto, la semana siguiente de la muerte de mi hermano, me distanciaba del dolor; como si el dolor, y no solo el amor, tuviese dos caras, de modo que la infinitud del dolor genera amor, lo mismo que el amor lo hace con el dolor. Y ello estaba siendo el gran descubrimiento en un momento en el que pensaba que lo esencial lo tenía aprendido. Comprobé cómo esa frase repetida según la cual «en la vida nunca se termina de aprender» se refería a algo verdadero; y también que no vale la pena gastar energías en pensar cómo va a ser el futuro, porque este siempre será de alguna otra manera, diferenciándose de lo imaginado. En fin, el control de los acontecimientos —descubrí— no depende del poder individual, sino que cada uno de nosotros se halla colaborando con un plan que nos excede, nos abruma, nos sorprende y nos maravilla.

Nos citamos a las diez.

Saboreé cada instante: el aroma del jabón, la absorción de la crema en el cuerpo, los movimientos del pelo, los retoques; el instante de situarme delante del armario: buscar la ropa, elegirla, cambiar de idea, tocar aquellas medias con blonda de encaje arriba (pensé en la película *El graduado*, en la fascinación del protagonista situado ante la visión de aquella pierna larga con medias, de mujer mayor, depositaria de los secretos que todavía a él se le ocultaban), y decidirse. Yo sabía que aquella noche, aunque todo habría sido muy rápido, podía pasar. Los preparativos de esa tarde eran el todo. Ojalá ese tiempo pudiese durar mucho más: se palpa la dicha, el milagro —esperado siglo a siglo— la inmediatamente próxima maravilla del sentir; en estos momentos no podemos recordar la época histórica a la que pertenecemos: se superponen las lecturas de la infancia, los sueños de los primeros tiempos de juventud; los desengaños se reavivan, claman lugar, y nos anuncian que la desilusión era mentira y que solo la dicha es verdad, indiferente a todo lo que nos apartaba de la felicidad como un continuo. Olvidé merendar. Observaba mis piernas por detrás, cómo las descubriría él cuando me viese. Estaría ocultando la verdad si dijese que estaba desesperada. Pensaba en Luis; pero a Luis lo protegía mi esperanza, aunque eso solo lo supiese yo; en realidad, lo protegía mi deseo, el deseo de amar que me invadía como una hiedra que hubiese pertenecido al reino animal y no al vegetal, un molusco viscoso hecho de arcilla, arte, carne de mamífero, o qué sé yo: algo intenso, en cualquier caso. Y hacía muchos años que no me sentía tan renovada por la ilusión. Volvía a hacerse nítido el misterio. El misterio no solo considerado en su abstracción, sino reconocido en su esencia. Recordé una frase de una novela referida a la dificultad de arriesgar el abismo que hay que recorrer para agarrar la flor hermosa del amor, suspendida en un lugar intransitable por el miedo; y la incomunicabilidad de la visión de las cosas cuando el absoluto se nos sitúa cerca. Pensé en la extensión de mi imaginación que me hacía saborear cantidades enormes de estímulo donde otros verían solo actos insignificantes.

VIII.

Territorios flotantes

Antes de salir guardé en el bolso las llaves de la casa de campo de mi hermano. Intuía que tal vez Tomás y yo podríamos necesitarlas aquella noche, algo que después se confirmó. Al entrar por la puerta de la cafetería en la que habíamos quedado lo vi en la barra, en esa posición habitual en él, apoyado como si estuviera cansado o le pesara el cuerpo. Me parecía un actor de cine. Le reconocí en su atractivo de siempre o incluso más, porque ahora me esperaba a mí; habría tenido que pensar en mí, aunque solo fuese un rato, cuando me llamó, cuando organizó los movimientos para citarse conmigo.

Lo saludé, pagó la consumición y salimos. Paseamos. Comenzamos hablando de M., la vecina del piso nueve —que nos había servido de nexo en conversaciones anteriores—. Se refirió al modo en el que había percibido la vida y la casa de aquella mujer. Le ofrecí también la visión desde mi ángulo. Coincidíamos en varios aspectos relacionados con la fascinación que había ejercido M. en nosotros. Él había creído que era una especie de prostituta, con aquel exceso de maquillaje y los zapatos de tacón alto, viéndola entrar y salir, de vez en cuando, con señores. Para mí, sin embargo, el piso de M., había sido la mejor expresión de lo que tenía en mi cabeza —durante la infancia— sobre lo que debía ser una casa de muñecas. (Cada año, por la época de los Reyes Magos, yo pedía una máquina de coser y una casa de muñecas, pero nunca llegué a tenerlas. Mis padres temían que la máquina me agarrara un dedo, y en cuanto al otro regalo, no sé, tal vez lo considerarían demasiado grande o costoso). La casa de M. estaba llena de colores; le gustaba el rosa, el amarillo; las tonalidades eran llamativas. Disponía de un cuarto de baño lleno de frascos y cosméticos, polvos y aromas que perfumaban el pasillo hasta llegar al exterior. Esto Tomás también lo recordaba.

Aunque algo nerviosa, pudimos continuar la conversación mientras bebíamos cerveza en otro lugar, al que entramos después de haber caminado un rato juntos. Se refirió a algunas vecinas que ambos conocíamos, y me ofreció su punto de vista sobre ellas de un modo más explícito de cómo lo había hecho la vez anterior. Yo capté una nebulosa en relación con un deseo enorme que él sentía por las mujeres, en general, y, aunque a mí simplemente me situaba en el bloque perteneciente al sexo femenino, todo aquello me permitía vislumbrar —de frente— el Universo de posibilidades que se me había venido ocultando durante años.

El tiempo había pasado, algo que yo temía con claridad ya antes de que hubiera transcurrido, y me encontré —con toda la virulencia del color de lo real— con una vocación literaria adormecida por la rutina, con la indiferencia de la Humanidad ante el hecho de que yo viviera o no, ante la muerte de mi hermano, ante la imposibilidad de hallar un consuelo real en alguna parte, y ante la incomprensión: nadie volvería a alcanzar el espantoso dolor de mi alma herida como Tomás ya lo había hecho, como por el efecto de un milagro que se le hubiese alterado a un mago incapaz de dar razón de la naturaleza de su prodigio; hasta el punto de que ni el mismo Tomás sería capaz —tal vez— de repetirlo; pero en aquella noche, eso no sucedería. Aquella noche se hallaba todavía bajo los efectos sobrenaturales del desarrollo contenido durante años de silencio; y ahora iba a explosionar el deseo y la carga de los sueños.

Las primeras madrugadas del verano encierran lo que nadie ve. Habría que situarse en lo alto de un monte, protegida la visión por una carpa de cristal, para saber todo lo que perdemos al estar ocultos en una habitación de ciudad sin contemplar lunas o árboles, engañados por los colores de los coches y sus ruidos, por la repetición de jornadas que elegimos idénticas. O si no, estar allí, ese hombre y yo frente a frente, sin levantar los ojos; solo mirándonos y así saborear plenitud y la justificación de cualquier acontecer por terrible que fuese.

Le hablé de Luis y de la literatura, aunque no sé qué pudo entender. Sus estudios universitarios, relacionados con lenguas extranjeras, no le impedían el acercamiento a lo humano, pero tampoco me podían asegurar que me comprendiese. De vez en cuando yo se lo preguntaba cuando le hablé de mi dolor inicial y de la maravillosa compenetración que él había hecho posible para mí, y entonces afirmaba con la cabeza, pero, por momentos, yo dudaba de que esto fuese así.

Siempre puse en cuestión el hecho de que los seres humanos pudiesen comprenderse. Y la culpa de todos los desequilibrios la tiene nuestra tendencia a alcanzar lo que excede las estrictas posibilidades, aunque tal vez sin esta tendencia, las posibilidades no habrían sido cada vez mayores. El espejismo, el señuelo de un instante, nos obliga a perseguir lo que ya se ha escapado; y produce dolor dejarlo ir, buscarlo. Sufrimos de provocación y desencuentro. Pero no en aquella noche.

Tomás me habló de Estefanía, la hija mayor de los dueños del piso doce del edificio del que su padre era portero. No era difícil verlo sentado en la portería, observando a los vecinos y acompañantes de los diecinueve pisos que constituían el inmueble. Me contó cómo un día se había quedado impresionado descubriendo el desarrollo de aquella joven, convertida en una bonita mujer. Además, habían encontrado tema de conversación, porque Estefanía viajaba a Escocia en los veranos; Tomás había concluido sus estudios de inglés, y ya habían descubierto su interés común por las lenguas eslavas. Se habían prestado libros y Tomás soñaba con ella.

Todo aquello a mí, lejos de molestarme, me parecía una exaltación de tipo espiritual; la vivencia que se extendía más allá de nosotros y nos circundaba con el color de la belleza de todos los prometidos encuentros.

Mientras Tomás pudiese contar conmigo para las confidencias sobre esa chica, yo podría sentirme un poco a salvo de la espantosa soledad y del dolor tan hondo y devastador que había saboreado aquellos días. Le dije —con ese tono comprensivo que caracteriza mis conversaciones con los demás y que me tiene harta— que las experiencias amorosas, los deseos por alguien, o la comunicación, etc., son como territorios autónomos, de modo que no se puede esperar encontrar correspondencias entre eso y los hechos.

—Si os mirasteis en el portal; si sentiste algún momento de plenitud al abrirle la puerta del ascensor o al hablar con ella, debes aceptar que eso sea todo; no debes aspirar a llevarlo a un ámbito distinto del suyo, de donde ya está. La Belleza es huidiza, provoca, pero nos abandona con la misma rapidez con la que aparece; nos destruye si vamos tras ella, nos enloquece —le dije.

—¿Tú lo crees, en realidad? —me preguntó.

—Sí —respondí—. Yo vivo con eso.

—Por eso eres tan triste —añadió.

Así estoy, desde hace años. Desde que comprendí que no hay un ser humano capaz de perseguir con fuerza y decisión para plasmar en la realidad, el Universo del deseo anunciado, de la felicidad que se asegura en los encuentros. Tuve que admitir que eran solo territorios flotantes, abarcadores y espesos como enormes masas de humo, a las que todos temen, y a todos invita a procurar la dispersión y a practicar millones de antiestéticos actos en relación con el olvido.

Yo había leído en un poema de Vicente Aleixandre que, *los amantes, después, hacen como si no se conocieran.*

Algo así le dije durante aquel rato en el que estaban presentes: mi aminorada tristeza, Estefanía, Luis, Tomás y yo; el deseo, su compostura física, la noche de junio, mi propio cuerpo —que veía desdibujado desde una distorsionada perspectiva—. Ahí estaba, momentáneo entre nosotros, el mundo de las posibilidades declaradas que tantas veces antes habíamos dejado partir; para que las arañáramos, para que las golpeáramos por el odio y el dolor que habían causado, tanto como el que genera la muerte de alguien amado. Y esta vez sí que lo hicimos.

Fue Tomás quien dijo:

—Bueno, habrá que materializar todo esto.

Cuando escuché esas palabras sentí el afán de detener el tiempo; que se hiciese eterno el instante para no tener que entender ya nada, para que no hubiese que volver a razonar. Creí sentir la necesidad y la conveniencia de cada cosa; de las tardes familiares transcurridas en el tedio, de la pereza ante la realización de los actos, tantos y tan inútiles, que habían estado junto a mí, año tras año.

—El problema está en decidir adónde vamos. No es que sea gran cosa, pero hay un coche —dijo Tomás.

—Podemos ir a la casa de mi hermano; no hay nadie allí ahora y tengo la llave —dije.

—Está bien —respondió.

IX.

EL POEMA

Cogimos el coche hasta las afueras de la ciudad. Durante el recorrido, yo miraba la noche por la ventanilla. No puedo recordar si vi estrellas o luna; se imponía ante mí el grosor de la conciencia —aligerada ahora— por la determinación de aquel hombre de arrancarme de allí y hacer real alguno de los sueños.

Me había perseguido, desde la adolescencia, un poema de Pedro Salinas. Quería saber si, pasados muchos años de la vida, la eclosión de un conjunto de imágenes generándose desde aquella algarabía de palabras, sería posible. Se deseaba sentir plasmado en cuerpo lo que con tanta fluidez se había paseado por el pensamiento; incluso durante los períodos de las fiestas navideñas, en los finales de año, en cualquier tiempo o lugar, por intempestivo que fuese.

Las mujeres de mi generación —se me había confirmado esa hipótesis al leer hacía poco tiempo un ensayo de un autor de edad aproximada a la mía— no nos habíamos liberado del fantasma del amor. Los movimientos sociales y culturales supuestamente liberadores de traumas y prejuicios pasados nos habían dejado en el mismo punto de suspensión al vacío que habían experimentado nuestras predecesoras. Además, ese sortilegio maligno había encerrado en sí el sabio poder de habernos hecho creer, al conjunto de incautas, que cada una de nosotras éramos únicas en sentir aquello y que nadie lo había vivido con tanta fuerza antes de nosotras.

Análisis de este tipo se pueden hacer después. La noche era fresca para ser una noche de verano. Mirando hacia el horizonte desde la playa, podía verse una neblina cubriendo la escena. Caminamos unos diez minutos cerca del mar hasta llegar a la casa de Luis: un lugar sagrado ahora. Tomás me había preguntado en el trayecto cómo se llamaba el perfume que llevaba aquella noche, se lo dije; le pregunté si le gustaba; contestó diciendo que sí pero que, en realidad, a él lo que le gustaba era que las mujeres olieran a sudor —detalle que, analizado más tarde, me resultaría inconcebible, pero en aquel momento me pareció normal, incluso reforzaba la convicción de que nos estábamos acercando a otro universo.

Al abrir la puerta de la casa y entrar, fueron muchas las cosas que sentí; como si los sentimientos se hubiesen distribuido en una sinfonía que ahora debo descifrar para que no se interrumpan entre sí las resonancias, para que no continúe el movimiento de mi propia alma apelotonando sin orden los momentos. Era muy extraño estar en la casa de mi hermano —con la que él tanto había soñado cuando vivía y trabajaba lejos— muerto hacía pocos días; llegar allí con Tomás —el atractivo hijo del portero de mi casa—, dispuestos a "materializar" algo que no sabíamos qué era.

Cuando Tomás había hecho su propuesta, yo le había recordado:
—¡Pero si ni siquiera sabes si te gusto!; a lo que él respondió:
—A mí me gustáis todas. Además, añadió:
—Me masturbé pensando en ti.

Confesión que me había hecho notar el sabor de la ternura y me había impulsado a besarle. También él estaba dolorido aquella noche; había sufrido por la luz, la imposibilidad, y el deseo que le había llegado desde Estefanía; así, yo quería recordar aquellas palabras que, no solo no eran groseras en aquel momento, sino que se convertían en nuestro más secreto e íntimo lazo. Descubrí que el hecho de que alguien se masturbe pensando en ti, se asemejaba más a la plasmación de las imágenes del poema de Salinas conservadas en mi mente que, simplemente, alguien piense en ti. Me confirmé en la idea de que la mayor parte de lo que creemos vivir está siendo falso. Debía afrontar el desarrollo de las enseñanzas de Luis y no tenerle tanto miedo a la sexualidad. Estaba en el buen camino.

Aquel hombre tímido —escondido de refilón en la portería de su padre, substituyéndole en los recados— estaba siendo la mejor promesa de amante.

Era horrible entrar en aquella casa sabiendo que Luis ya no estaba; una mezcla de transgresión espantosa y cumplimiento del deseo y del deber se imponían; y la salvación. Sentí, otra vez y de un modo intenso, la inmensidad del infierno que ocupamos los seres humanos en la tierra. La soledad parecía ser el único estado subjetivo capaz de extenderse sin límites: estaba empezando a expandirse de nuevo como un globo que lo hincha no se sabe quién. Nunca me había enfrentado a la muerte de un modo tan nítido, como vivencia, aunque sí en el pensamiento, en la consideración abstracta del hecho. Me parecía terrible tener que existir así, sabiendo que nos iremos del mundo sin comprender por qué, sin saber qué nos espera. La ilimitación de las posibilidades era lo más insoportable. No se puede tolerar que una opción sea la nada;

otra, un estado de gracia y felicidad perenne; otra, encontrarse y verles la cara a los antepasados; otra, disfrutar de lo jamás imaginado; otra, un estado de amor sin fisuras, otra... No se puede vivir en equilibrio, en el quicio, sosteniendo posibilidades tan dispares ente sí, tan contrapuestas. El principio de no contradicción —defendido por algunos filósofos— parece incumplirse en relación con la mente humana, en el modo en el que esta se representa la muerte, ya que es posible pensar una cosa y su contraria, es decir, amor, Dios, nada, destrucción, ser. ¿O tal vez es todo lo mismo? De hecho, yo estaba teniendo ahora, por primera vez, la experiencia de la circularidad: la generación de un aspecto de lo real desde su opuesto; ¿cómo, si no, podía hallarme en el curioso estado de desear llorar —no poder hacerlo—, sentir el horror por lo que había sucedido y, a la vez, encontrarme a mí misma lanzándole al aire los suspiros callados de decir 'te quiero'? Todo estaba siendo una experiencia intuitiva pero yo quería entender y no lo lograba.

¿Cómo podrían ser lo mismo el ser y la nada, si son contrarios?; ¿o es como una sola moneda con dos caras?; ¿cómo alguien amado puede estar vivo y muerto? ¿Dónde está su risa cuando muere, la especificidad de su mirada, su individualidad? La individualidad nos permitía enamorarnos; ¿cómo admitir entonces una existencia globalizada, respirando un maremágnum de hálitos divinos en relación con el amor?

No creo que todo esto lo pensara a la vez al entrar en la casa; pero puede ser que sí, sin desarrollar; como un bloque compacto de provocaciones desequilibradas y terribles que me hacían sufrir; aunque en aquellos momentos yo estaba pendiente de los movimientos de Tomás: dio una vuelta por la casa. Fui al cuarto de baño; cuando estaba allí sola me hice consciente y pensé: ¡Dios, tengo a ese hombre aquí, conmigo! Al acercarme a él lo encontré observando con minuciosidad un objeto situado encima de una rinconera, de pie, en la esquina.

—Mira —le dije—. Indiqué la ventana.

—Mira qué buena vista hay desde aquí. Al decírselo, imaginé la escena de su brazo por encima de mi hombro, y los dos contemplando el mar, la playa... Pero no prestó mucha atención. Nos dirigimos a la otra sala; encendí todas las luces: había exceso de luz. Nos sentamos en un sillón, el uno al lado del otro. Creo que le agarré un brazo y coloqué sus manos en mi pecho, rodeándome.

—Esto es extraño.

—Sí —respondió—. (Un momento antes me había pedido que apagara luces; quedó solo la de la entrada de la casa).

—Soy muy puritana —dije, un poco en broma.

—Mejor, más morbo. Aparecieron las medias de la blonda de encaje, las que me había puesto aquella tarde pensando en esta posibilidad y que me hicieron recordar la película *El graduado*.

—Vamos a una cama —dijo. Pero no podíamos acostarnos en la de Luis: era excesivo. Busqué el sofá-cama, que encontré abierto.

Tuve que retirar —antes de acostarnos— una caja de herramientas que estaba encima: martillos y desatornilladores de bricolaje. Me quité la ropa y vi, sin mirar, que él hacía lo mismo; allí estábamos, tumbados el uno al lado del otro.

—¿Qué quieres que te haga?
—Nada, respondí.
—Tú necesitas algo salvaje.
—No creo —le dije.
—No, tampoco yo lo creo.
—Hubiese hecho lo que me hubiese pedido, pero él no estaba tranquilo y en un momento dijo:
—Me das miedo.
—¿Por qué?; vi que estaba temblando. Y de repente:
—Ya se me pasó.
Me incorporé y añadí:
—Bueno, pues vamos.
—¿Te acostaste con R.P.?
—No, ¿me crees?
—Sí —dijo. (Se refería a un vecino del edificio que había muerto hacía un año, con quien me había visto hablar.)

Nos vestimos. Recogimos el sofá; él me ayudó a hacerlo y me sorprendió el gesto; pensé que no muchos hombres hubiesen prestado atención a ese detalle. Le observé yendo por el pequeño pasillo, dirigiéndose hacia la sala, terminando de vestirse, colocando su camisa; y, en esos momentos, yo le amaba. Me agarré a su cintura y le dije:
—Es difícil adaptarse a un cuerpo.
—No te comas el coco conmigo —me dijo.
—No, ni tú conmigo, creyendo en ese momento con ingenuidad que era eso lo que deseaba.
Salimos de la casa. Nos dirigimos al coche.
—Aún eres mejor de lo que imaginaba —añadí.

Recuerdo la carretera y la noche. Habló de Estefanía; hizo mención a su camiseta ajustada de color blanco.

—¿Crees que se la habrá puesto a propósito, para que yo me fijara, el último día que hablamos?, —preguntó.
—Sí, seguro —contesté.
—Llevabas unas medias de película.
—En eso pensé esta tarde, cuando me las puse.
—¡Cómo sois las mujeres!

Paró el coche al llegar; al verme hacer el gesto de abrir la puerta para bajar, me dijo:
—¡Eh, un beso! Le besé con esa mezcla especial que adquieren algunas veces los besos en relación con la tristeza. Volvió a decir:
—No te comas el coco.
—Ni tú tampoco.
—No. Yo con lo otro. (Se refería a Estefanía).

X.

GRIETAS

Al entrar en casa me dirigí a la habitación de mi hijo. Vi que dormía. Me acosté un momento a su lado; no podía dejar de pensar en lo que había pasado, ¡era todo tan extraño! Parecía que el destino quería salvarme de la desesperación, pero los nudos de relaciones eran demasiado complejos para que pudiese vislumbrar el posible encaje de las piezas del puzle que se iba manifestando. A la vez mi tristeza era asfixiante, aunque lo disimulara. Si yo no fuese una actriz más en todo este engranaje teatral que nos envolvía a unos cuantos, mi comportamiento hubiera sido distinto. La verdad se habría parecido más a lo que se entiende por 'representación', es decir, en la casa de Luis, por ejemplo, me hubiera arrastrado con gusto a los pies de Tomás para suplicarle por todos los dioses de todas las civilizaciones del mundo, que no me abandonara un instante porque estaba destrozada por el dolor. Cualquier desmesura en la expresión, en los afectos, en todo, habría sido más fiel a la realidad que la farsa de esforzarse por estar cada momento allí, cuando no era allí en donde estábamos. Me hubiese restregado contra él toda la noche, hasta el infinito, si las groserías amatorias entre los hombres y las mujeres nos acercasen a Dios, al monstruo ese que me había arrebatado a mi hermano; pero lo que yo deseaba era el rostro de Luis, no el rostro de Dios. Yo le habría prestado con gusto mi vida a cualquier personaje de Shakespeare, o de los autores españoles del Siglo de Oro, para decir:

—¡Quiero aullar, odio la vida, la existencia; solo amo al amor, pero el amor está siempre amenazado por el pecado, por la imposibilidad, por los conceptos estúpidos como "poner los cuernos", y otras porquerías así; por la lógica masculina y sus cálculos estúpidos, por la indecisión femenina al mezclarlo todo con la salvación de la prole...! El amor está amenazado por las grietas, como las que atraviesan el edificio de mi casa, el inmueble del que es portero el padre de Tomás.

Al despertar, cada amanecer, me daba cuenta de que debía ajustar cuentas con alguien, pero no sabía con quién. Alguien era culpable. Debía existir en algún lado el Gran Culpable Universal de los fingimientos. Las convenciones sociales solían cargar con la "responsabilidad", pero la cosa debía ser algo más compleja.

Tío, Tomás, si eres el Salvador, has de serlo de veras. No puedes jugar a Dios y después huir como una rata, escondiéndote en la guarida resguardada de niños gemelos. No puedes consentir que yo le añada al dolor de la muerte física de alguien querido, el dolor de la muerte absoluta de hacerme creer que entre tú y yo no había nada valioso porque tú solo estabas deslumbrado por una vecina joven de nombre Estefanía... ¿Qué puede haber de nítido en todo esto?

Al día siguiente, Tomás llama por teléfono para pedirme disculpas. Me dice que estaba borracho y que no le tenga en cuenta algunas cosas que dijo. Que yo quería una cosa y él otra...(¿qué queríamos?). Le respondí que no se preocupara, que le apreciaba... además no era sencillo; éramos personas con responsabilidades, etc. Quedamos para vernos.

La noche de la siguiente cita volvió a ser otra noche repleta de la espesura de julio. Me sentía algo más hermosa de lo habitual, y a él todo aquello le favorecía.

Lo encontré de pie, como la vez anterior, con su aspecto de chico de película ejerciendo fascinación cada momento. Nos saludamos.

—No quiero tomar nada.

—Pide algo, aún tengo toda esta cerveza que tomar. Lo hice y nos sentamos.

Me contó que le había escrito a Estefanía y que la había visto, pero que estaba asustado...: la edad de la chica, los condicionamientos de todas clases alrededor; las reacciones de ella le parecían extrañas, hasta el punto de hacerle sospechar que pudiese estar pasando por algún desequilibrio psíquico. Hablamos de todo eso. También de su vida que, según me dijo, era aburrida. Había tenido que ponerse a trabajar en un banco, haciendo algo que no le gustaba, para mantener a su familia. Algunas tardes substituía a su padre en el trabajo de la portería. En el edificio de mi casa —según me dijo— sucedían muchas cosas. Le gustaba estar allí observando y pensando sobre nosotros: inmueble microcosmos, como una representación del Universo. La tía de un amigo suyo, del piso tres, había sido la rusa que logró que él se aficionara al ruso y a los idiomas. Así decía. Por las noches, Tomás estudiaba lenguas eslavas, y soñaba.

—Te estaré haciendo polvo hablándote tanto de ella —me dijo.

—No, me parece un signo de amistad. Yo escuchaba y en un momento comenté:

—Estos días recordé la doctrina del hilozoísmo según la cual "todo está lleno de dioses". También se podría pensar que todo es instinto —dijo Tomás—. Nos fuimos a otro bar.

Le conté que estaba sorprendida por haber sido tan atrevida con él, pero que el sufrimiento me había puesto en una situación diferente; me sentía con derecho a todo lo que saliese de mi interior; comprendí —continué— que tenemos a las potencias interiores amordazadas por un tipo de vida que no nos permite vivir; y resulta todo falso.

De noche, despierto y pienso que mi hermano está en una tumba pudriéndose como las flores que terminan marchitándose en el polvo después de cumplir su función decorativa en el jarrón, y me desespera el límite del dolor. Comprendo que no se puede ir tan allá, pero el dolor va, es más inmenso. Algunas veces, imaginar a Luis corrompido me sirve de consuelo, porque eso significa que él no está allí, y esa es la causa de que se pudra. Me hago consciente de que la noción de espacio ya no le afecta, y eso, por un lado, me alivia, por otro lado, no, porque yo quiero verlo pero, ya que no lo veo, lo mejor es que sea así, que a él lo trascienda la noción de 'lugar'. He de admitir que no está aquí. La experiencia de la muerte nos invita a ser malos y a amar.

El ser de las cosas —le dije a Tomás— me autorizaba a actos o palabras prohibidos hasta entonces...

Hablamos también del futuro de nuestra relación. Él decía que —"si no sale eso —se refería a lo de Estefanía—, querré formas de transgresión". Antes habíamos acordado que íbamos a ser sinceros, porque —ya somos mayores —añadí.

—¿Tú qué quieres? —me preguntó.

—Quiero que tú cuides a tus hijos, y yo a mi hijo; pero una cosa es lo que quiero y otra lo que deseo... En un momento en el que yo hablaba —admito que, sin querer, puse trabas y distancia—, él dijo:

—Bueno, pues se acabó.

Seguimos allí un rato. Le entregué dos poemas; uno se refería al día en el que soñé con él; el otro, a la materia intangible que se generaba entre nosotros.

—No los voy a leer ahora —me dijo.

—No se los enseñes a tu esposa.

—No soy tan imbécil...

—¿Nos vamos?, —preguntó—. Ya era tarde —tal vez los niños llorarían entre la furia de su mujer—. Sus ojos tenían expresión de despedida y yo estaría tan sola como los muertos.

Al despedirnos tuvo un gesto de afecto localizable en la posición de los hombros o el cuerpo: se fijó en mí un instante. Me costó dejarlo en aquel momento; pero todo fue aún peor.

XI.

Profetas mudos

Me quedaba por delante un grueso verano, como un hueso firme por roer, y así fue sin atisbo de compasión. Disponía de entera libertad personal para saborear la nada, mi gigante. Debía repasar, y sobre todo diferenciar cuáles de todos aquellos fantasmas eran procreadores de potencias sin fin útiles para el arte, por ejemplo, y cuáles debían ser rechazados por engañosos e improductivos. Debía rescatar el "universo" que me había enseñado a descubrir mi hermano Luis llegado de América en aquel lejano verano cuando el sol era real, y no la sutura perforando el lado oscuro de los veranos de ahora.

Del conjunto de hálitos de atracción que estaban fluyendo entre nosotros, había que extraer la lección de belleza y consuelo ante el tiempo de la desesperación y la penuria. Y nosotros estábamos siendo varios, un grupo aún por determinar y que se iba abriendo en forma concéntrica y expansiva. Tal vez íbamos a ser los profetas mudos, mensajeros de claves cifradas, invisibles a tantos, y dispuestos a perseverar entre todos los amasijos de las sombras. Yo misma, como ser humano, necesitaba interpretar; a mí no me podía estar pasando aquello y ser tratada por todos como una rata cualquiera. Cuando era una niña quería saber; era preciso averiguar si los Reyes Magos existían o no, y cómo era de verdad el tema de la reproducción de los seres vivos, es decir, había que descifrar las fantasías. Cuando descubrí la realidad a este respecto, vi que era tan incomprensible como la fantasía. Me parecía sorprendente que tantos seres humanos se hubieran puesto de acuerdo para sostener el cuento de los Reyes Magos y, en lo que se refiere al tema de la reproducción, resultaba todo original y extravagante. Ahora me había sucedido algo escandaloso y yo necesitaba saber adónde dirigir las embestidas de mis odios. Aún no había conseguido aullar; así, tenía los aullidos a la espera en los trasteros del cerebro, próximos a consolidarse en una u otra forma de representación. Al principio, fue como lo que se podría llamar la 'suspensión del juicio', la parada, la flotación; después, cuando Tomás se mostró ante mí como Dios mismo, me encontré por primera vez ante la posibilidad de hacer real el milagro: se podrían plasmar las imágenes de los poemas. Eso habría significado rodar entre sus brazos durante tardes enteras, otorgarles consistencia a mis ojos, a mi cuerpo, a mi cara; respirar acompañada de los infinitos retazos de la luz, despertar a trompicones, pero esta vez para saborear el despertar a la próxima maravilla; y las vidrieras. Tomás tendría que haberme arrastrado a un paraíso de cristal para besarme la boca, para que yo al fin llegase a admitir la existencia de mi alma y no confundir la mentira del alma con la falta de fe en los Reyes Magos. Él debía marcarme el camino en relación con la vida; ser capaz de convertir en carne lo que de real tenga el espíritu, así paladear juntos las comparsas del amor como los acompañantes de una fiesta, sin complejos, por no saber diferenciar los fenómenos cuánticos o químicos que nos permitirían descubrir la falsedad de nuestros anhelos amorosos. No, no quería que Tomás hubiese indicado con claridad cuál es el momento en el que me tengo que suicidar. Deseo antes pervertir todos los juegos de mi memoria: convertir la adolescencia en zumo de naranja para beber, perseguir amigos que aún no han aparecido, y deslumbrarme por la sonrisa de alguien, por su porte, por la luz. Este hombre parecía capaz de hacerme volver a sonreír; no solo lograrlo en el peor momento de mi vida, sino mostrarme con nitidez la cara esplendorosa del dolor: girar la tuerca un poquito y ahogarse en la extensión de la maravilla. ¿Es esto lo que les sucede a los muertos?: admitir esa posibilidad significaba no poder, en absoluto, desesperarse; si no ¿qué iba a hacer yo, sin ni siquiera haber expresado los aullidos? La sociedad no tiene espacios reservados para aullar. Habría que haberse marchado a un monte para emitir los sonidos de los lobos, los signos de las bestias y quedarse allí hasta desangrar los cuerpos ateridos, repletos de buena educación y de la masa indefinida queriendo escapar por las orejas. Este hombre tenía una misión compleja que cumplir y, a la vez, le habría sido fácil, porque era un elegido; contaba con la fuerza que provenía de otros. Existían seres humanos que dependían de que nosotros lográsemos amarnos en realidad para recuperar ellos también la confianza en la vida. ¿Quiénes eran?: aquellos que me ayudaron a soportar la muerte de mi hermano; los que, por estar cerca de mí, se vieron contaminados por la intensidad del dolor: vecinos a los que les salpicó la pasión diluida.

  Habríamos tenido que caer en la enfermedad del amor y perseguirnos como ratas de alcantarilla aumentando las velocidades del recorrido, como bestias de intensidad, como seres entregados a tardes enteras escudriñando paraísos que se iban abriendo entre nuestras manos: los bosques, los amaneceres con brillos crepusculares y contrastes de azul por todas partes. Habríamos tenido que creernos que era verdad, que era allí donde estábamos para tocarnos, viendo detrás. Pensar en los cuerpos es pensar en la gloria. Pensar en el pecado es pensar en la gracia: nos habría llegado un envoltorio desde arriba. Yo sentía a Luis que me enviaba rayos suaves de luz de niebla firme y sosegada porque él lo que quería es que, por un momento, yo fuese feliz. No había sido una casualidad que mi hermano y yo nos rozásemos los labios el día aquel en la fiesta, durante el verano del descubrimiento. El gesto habló, quiso representar y lo logró: se me había entregado un bloque compacto de posibilidad, con lo que esto encierra de promesa y también de inseguridad, de una fugacidad tan provocadora que afila el deseo hasta el infinito y convierte el alma en espacio chirriante y que se puede afinar como un violín, inestable entre el anhelo, caminando por ahí, por todas partes, con el porte de una mujer y la imagen interna de una perra a la que le cuelga la lengua, medio desesperada.

La culpa había sido de Pedro Salinas. Me parecía ahora que el Universo estaba lleno de culpables. Los poemas de ese hombre, leídos en aquel verano, habían sido los aliados, colaboradores en la formación del complot de la infelicidad futura. No solo no aplacaron los excesos anunciados por Luis, sino que indagaban en las abigarradas formas de mi memoria para aunar desde allí todo cuanto momento de luz yo hubiese podido hallar o inventar en mi vida. Creo que fue entonces cuando descubrí que un cuerpo puede llegar a ser mucho más que eso. ¿Cómo, si no, se podría explicar que una estructura idéntica a la de otros millones de cuerpos del mundo pueda hacerte enloquecer como si fuese la propia encarnación de Dios mismo?, y hacerte desear que no muera la tarde o la noche, o que exista una tarde. Quedar con alguien para abrazarle a las ocho de la mañana, o inventar un encuentro en un pequeño pueblo francés donde se oyese la lengua de Proust, y yo estuviese allí rememorando imágenes de *La voz a ti debida* de Salinas. A Cernuda le diría: "No sé si será verdad tu poema exaltador de las potencialidades del olvido, porque yo voy a recordar hasta que la muerte me lleve de regreso a los brazos de Luis, y después también recordaré". Quiero morderle los dientes al hijo del portero de mi casa porque tiene unos dientes preciosos, y porque es el enviado de Dios; porque soñé con él, porque le deseo, porque tengo que soportar las ganas de colgarme de sus brazos —los andamios— y dejarme arrastrar cada vez que lo veo allí junto a la guarida de papá, ayudando a repartir cartas, a pesar de su aspecto de universitario aplicado, de su realidad de empleado de banco y de su compromiso de esposo y padre de niños gemelos.

No podré olvidar el esplendor de la cita cuando suceda. El primer encuentro, en la casa de Luis, fue demasiado intenso y teníamos demasiado miedo; la primera vez es muy difícil creerse que es verdad el milagro de estar juntos. El cerebro apenas puede hacer nada más que no sea maquinar la idea: ¡está siendo posible! Cada vez que dos desconocidos se sitúan en posición de decirle "adiós" al espacio, entran los nerviosismos de no poder dar crédito a la realidad de la realidad acogiendo al pensamiento; así no fue posible "materializar" —usando la palabra de Tomás— aquello que había surgido entre nosotros; solo dio tiempo a desear aún más, y a situarse en posición de lo que pueda ocurrir: llegar al quicio, resbalar, enfermar de depresión, querer llorar todo el tiempo, volverse loco de dolor, planear el suicidio, o despegar, aceptando que la vida está bien como es aunque haya que pagar el terrorífico precio de la muerte. Si con Luis se había ido no solo él, sino nuestro universo, yo también estaba destruida; pero aún peor porque no estaba muerta. Si Tomás se mantenía a la altura de sí mismo, podía salvarme y vivir, y, aunque había dicho la última vez que hablamos: —Bueno, pues se acabó—, yo no le había creído.

XII.

EL LEGADO

Pasaron días. Se consolidaba el verano. Julio engordaba como un cerdo a punto de reventar. Agosto era un asterisco, una errata de imprenta vacía en la que nadie había escrito nada. Crecía la indeterminación, se mascaba el tiempo, se deglutía la madrugada y la noche. El Universo volvía a aparecer en su misterio formado por estrellas intermitentes, como un conjunto de paraísos inconclusos. Yo soportaba ante mí la longitud de onda de la espera que se unía a esperas anteriores. Nada me daba la seguridad de que el único absoluto no fuese para las desgracias. Las madrugadas se coloreaban de indefinición. Masticaba la muerte, y esta se abría a la posibilidad del amor venciendo miles de obstáculos; pero si volvía a no suceder, si se contrariaba otro amor, la muerte se haría más muerte, infinita; así, el hijo del portero era más de lo que era, tenía una misión que cumplir que le excedía.

Siempre creí que la vida humana, caracterizada por el amor y la muerte, no está preparada para el amor y la muerte. Se finge. Se vive como si debiera expulsarse de alrededor. Lo máximo que se alcanza a este respecto son ritos de aceptación externa: actos sociales para reconocer que tienen lugar acontecimientos de esa naturaleza. Después, todo se prepara para olvidar; se expulsa porque suena y recuerda la contaminación paradisíaca que le produce miedo a todo el mundo —como si renegásemos de nuestra esencia tendidos al abismo, y huimos ante el terror de aceptar el riesgo—. Mis sentimientos se volvían cada vez más rebeldes y difíciles. Los seres humanos más fuertes resisten; comprueban cómo el alma se les une al tiempo, y les da igual, dejan que pase; los débiles no, los que sofocamos las ansias con la persistente idea del amor; pero no como el sentimiento relacionado con la compañía o el afecto, sino que se precisa la culminación del paraíso del poema con toda la carga erótica del mal y la puerta abriendo y abriendo descubrimientos.

Así estaba ese verano: esperando el teléfono, dudando de la posibilidad, dudando de la solidez de nuestro invento. Luis y el universo de posibles; hijos biológicos e hijos mentales; aquel verano y este; todas las cosas. Debía estar preparada, sin saber de qué manera. Podía ser solo un anuncio, otra provocación; como si el trozo de vida que va después del horror ya hubiera ocurrido, es decir, cabía la posibilidad de que lo extraordinario ya hubiese sucedido, y que fuera solo eso: su reconocimiento cuando me vio en el portal y se atrevió a decirme, ante mi sorpresa: ¿Qué te pasa?; o salir aquella noche; o irnos a la cama. Tal vez para él era un juego con el fin de pensar mejor en Estefanía. Para él, saber que mi hermano acababa de morir podía ser solo un dato, algo que me entristecía —como cuando alguien te dice una fórmula convencional.

Para mí todo aquello guardaba relación con el sentido de mi vida, con poder seguir respirando o no. Yo también tenía algo en juego: la locura, la alegría, la risa real, la proyección de mi mente en alguna forma de belleza; y algo más importante aún: estaba en juego la posibilidad de la literatura, la vocación; esta dependía de mi cordura, y mi cordura de él.

Solo nosotros podríamos hacer que yo lograse objetivar en alguna forma artística todo lo que Luis ya no podría alcanzar por sí mismo. Me había dejado el legado: la responsabilidad, la gracia, la dimensión extraordinaria de los gestos, los actos; bajar y subir, entrar y salir, disimular evitando el choque directo de los ojos, abrir las puertas, contener la tendencia del alma a escaparse por la boca, y que fuera real, que algo de todo aquello, de verdad, lo fuera.

¿Qué había pasado en realidad en aquel verano?; ¿podría reducirse todo al choque fortuito de los labios en una fiesta de cumpleaños, entre mi hermano y yo, aquella tarde? Había que descifrarlo.

Necesitaba un quicio, cierto equilibrio por donde circulara la escritura. Si enloquecía o me dejaba asfixiar por el dolor, no podría narrar nada de lo nuestro. La apariencia es que todo estaba siendo otro juego distinto, pero lo que se dirimía era la resurrección o la muerte. Debía ser capaz de recrear nuestras particulares intuiciones. La comunicación estaba siendo el eje. La raíz de la problemática mía, de la inestabilidad interior, era que yo no solo dependía de mí misma para alcanzar las representaciones. Necesitaba amantes, reales o inventados. Para seguir creando era preciso alguna inmersión en los paraísos de las bocas, en el universo clandestino de las citas; necesitaba a Tomás, pero este individuo parecía estar dispuesto a escurrirse sin ser capaz, por sí mismo, de alcanzar la comprensión de que su misión era inamovible: no podía no ser, por tanto, era inevitable. Si me había mostrado la existencia de la luz —y esto lo había logrado— no podía dejarme resbalar a la oscuridad de los infiernos.

Lo que ya había sucedido —me repetía a mí misma—, era todo, sin que fuese posible pedir más. Tal vez lo que había ocurrido estaba siendo equivalente a pensar en Luis en el amanecer al descubrir que continuaba el ritmo de los días, como si la existencia fuese solo un ciclo de primaveras, y la tristeza mía, el temor a la negrura, quería representar la inmediatez, la cercanía del pasado invierno.

Tenía que creer en la verdad de mi salvación. Si Tomás no alcanzaba su destino, yo siempre podría utilizarlo escudriñando en sus posibilidades al traerlo aquí; si es que no era capaz de proporcionarse la belleza para su propia vida.

Me abandonó a la crudeza del verano. Aquel verano fue un hueso árido que había que triturar, día tras día. Tomás y su familia se marcharían de vacaciones —él me lo había dicho la última vez que nos vimos—. Yo telefoneaba a su casa sabiendo que nadie iba a coger el teléfono, pero sentía así el sabor del sonido.

Lo imaginaba durmiendo la siesta. Tendido bajo la belleza que de modo casi imperceptible emanaría de su cuerpo. ¿Quién capta, o da fe, de la belleza de los cuerpos de los hombres? No es justo no hacerlo; algunas veces es extraordinaria. La concentración de espíritu puede rondar un torso o una uña. Los adolescentes hacen gestos de agarrar, lo que se escapa, entre la almohada.

Yo deglutía el grosor del cerdo julio, la inexistencia de agosto. La ralentización de la escritura, ahora, se relaciona con el soporífero transcurrir de un verano de luto.

Los amigos no están porque ya asistieron a los funerales. Queda la maravillosa posibilidad de ser salvada por un amante, pero se fue de vacaciones sin ahuyentar a los ángeles situados a su alrededor.

—Te voy a echar de menos en el verano —le había dicho el día que salimos.

—Llámame —me dijo—. Pero yo no podía llamar a su casa, como una intrusa.

El portero me saludaba, me daba las cartas. Empecé a encontrar consuelo en los desconocidos. Me sorprendió una conversación con la mujer del chófer que vivía en el piso quinto del edificio de mi casa.

Ella decía, el día que me encontró en el ascensor, que había pensado mucho en mí, y que quería hablar conmigo. Había perdido a su novio con veinte años.

—Estás demasiado entera; tal vez debas llorar —me dijo—. Prometió que me visitaría.

Llegó a mi casa con flores unos días después y mantuvimos una conversación.

XIII.

Pura posibilidad

Ahora debo referirme a otra forma de lucha: la sostenida en mí de un modo tan solitario e intenso. He pensado que con cada acto de destrucción se inicia la soledad, como si se abriera el esplendor de un fruto nuevo.

Nadie trasnocha hasta ver amanecer; en la adolescencia sí lo hacíamos. Yo me decía que lo que deseaba era escribir. La misión de mi vida tenía que ver con comunicarme a una red ininterrumpida de ideales, sombras de vida explosionando, participar en una sociedad secreta de territorios inaccesibles para otros.

En aquel verano nos habíamos quedado varias veces hablando todos juntos en un coche, el grupo de amigos. Los hombres tenían piernas. Me admiraba la contemplación de la forma del muslo de los hombres al estar sentados —aunque también observé ese ángulo bonito en las mujeres—. Recuerdo a Ingrid Bergman, en la película *Casablanca*, en una escena en la que ella está sentada, vestida con un traje sedoso que le marca el muslo como forma geométrica de definición; al ver aquello parecía que todo estaba decidido.

Los adultos no se citan para ver la eclosión o la apertura de la luz. Tal vez cuando tenemos hijos morimos, sin que podamos sentir nada más: solo que hay algo esencial que se nos escapa, pero no nos damos cuenta; o sí, al viajar, de modo esporádico, en un tren.

Luis venía con nosotros —la pandilla— y mirábamos las puestas de sol. Yo le hacía preguntas sobre biología —él ya tenía su carrera terminada—. La biología a mí solo me interesaba como materia que pudiese aclarar ciertas cuestiones en relación con el ser: ¿Se decidía todo en las combinaciones de los cromosomas?, ¿genéticas?, ¿o el ser que nos constituye estaba predeterminado desde la eternidad? Quería saber si había posibilidad de que nosotros, que éramos, no hubiéramos sido, o cuál era la extensión precisa del concepto "posibilidad".

Nunca contraería matrimonio con un solo hombre —pensaba entonces— teniendo en cuenta que en esa unión se excluía a millones de otros hombres existentes, y a los que no existían aún, o no existirían nunca. Yo proyectaba mi vida con los hombres posibles, no con uno real. Para pensar en uno solo bastaba Luis —al menos, él era un multiplicador, no absorbente como pudiese ser otro cualquiera—. En realidad, el hermano descubierto aquel verano, llegado desde América del sur, era un compendio de erotismo: guapo, no llamativo, dulce. Se le concentraba la fuerza en algún lugar sin que se pudiera saber dónde; tal vez en los ojos, o en las manos. Pero lo mejor: él me veía, no me confundía con otra. Sabía —sin decirlo— que yo escribiría, dejando constancia en algún lugar y para todos de que habíamos vivido, y de que aquel verano había sido real.

A Luis le gustaban las ratas de laboratorio y no tanto las palabras de los poemas; pero sabía que eso era lo que me gustaba a mí; así, al mirarme, yo podía ver —como en película— el futuro avasallador: bosques, conjuntos de árboles mecidos en las tardes, brazos atropellados y torpes en la cama, los labios colgando del techo: A ver quién caza unos labios; los contenedores dispuestos a verter en los estercoleros el cúmulo de miradas que nadie está dispuesto a retener porque lastiman.

Ahora el estallido se había desplazado hacia Tomás. Algún punto central del interior que me constituía se golpeaba frente a una cristalera, como una mariposa desencajada o un conejo bien dispuesto. Yo, ese centro de las operaciones psíquicas, había establecido relación; en este caso, el destinatario de los pensamientos era Tomás, un individuo poco merecedor de tanta condensación de vapores intensos. Volvía a estar inmersa en otra pasión, soportando los mismos efluvios desesperados de aquel otro tiempo pasado de mi vida: las tardes de llanto, los entresijos reveladores del infierno, las proximidades a la luz, la oscuridad completa. Ahora el espanto era mayor. La otra vez las dificultades parecía que tenían que ver con el hecho de que el otro hombre, A., mi profesor de literatura, el actual rector, no era valiente —con eso de la esposa y los hijos—. En la recién estrenada primavera de este trozo nuevo de mi vida la resistencia aumentaba ya que el empuje hacia delante venía impulsado por la muerte.

—Esto tiene que ver con la muerte; me había dicho Tomás, una vez que hablamos.

Esa frase tenía que haberle llegado desde lo alto. Resultaba demasiado profunda la expresión, tan teñida como estaba de espíritu engordado como lo habían estado, semanas antes, los vapores del mes de julio. No podía el empleado de un banco —por muy lector que fuese de Shakespeare, o aficionado a lo eslavo, papá de gemelos, o sea, el buen padre de familia que exigen los contratos de arrendamiento— llegar a tal revelación, si no fuese porque no *solo el ángel del Señor se le anunció a María*, sino que más veces de las calculadas, los ángeles vienen y van desde otro tiempo.

Yo sentía salpicaduras en la lengua, de todo el futuro: de las madrugadas sin él, de la caída silenciosa de las fechas de los calendarios. En adelante, el tiempo se consumiría con la misma avidez que la vez pasada. Si esta nueva pasión se volvía a negar, la consecuencia podría ser un tumor cerebral que me estaría aguardando. No me sentía capaz de asesinar a su esposa, por ejemplo, o de descuartizar a uno de sus niños. Me quedaban las tardes para masticar memoria; el sueño o el ideal de la literatura me resultarían indiferentes. Plagados, la retahíla de momentos, de mi pena, me iría alejando más y más hasta rondar estilos nuevos en el desequilibrio. Me quedaban las palabras, pero ¡qué horror de desviación se produce al escribirlo! Yo no quería relatos sino coitos; y compenetración como mentes electrizadas por circuitos divinos, para que ahí anidara el cabello, la boca, o los gestos de Luis, y se quedara feliz, con risa real, en verdad posible.

Además, mientras todo eso no sucedía, yo bien podría enmadejar frases vacías: lo mejor estaría aún allá, aguardando.

XIV.

LA ANTESALA

El edificio de mi casa llevaba tiempo amenazando con grietas. Tomás iba a las reuniones de vecinos en representación del padre —el portero— . Su actitud ahora se parecía mucho a aparentar que entre nosotros no había sucedido nada —creo que eso es una posición masculina—; les gusta hacerse los olvidadizos, como si ellos nunca hubiesen transitado por territorios inestables; suelen agarrar con furia la cotidianidad después de las incursiones peligrosas. Su modo de hacerlo es procurando con las actitudes y gestos que las mujeres sospechemos de la cordura de nuestra mente; es decir, provocan, para que se desencadenen reacciones desmesuradas en nosotras, para que sintamos vergüenza, en especial, de los sentimientos.

El cabrón llegaba tarde, se sentaba frente a mí y me observaba de refilón, haciendo que escuchaba los presupuestos técnicos de los ingenieros encargados del apuntalamiento. Pero lo deseaba, sin imaginar de qué modo iba a poder yo, ahora, asimilar el "no".

Salinas decía que el "no" puede convertirse en "sí"...Rilke y Hölderlin se acercan al tratamiento salvador, en la tuerca ligeramente girada de los desastres. Me encontraba suspendida entre poetas.

La tesis a defender era hallarse ante la dificultad de soportar el 'no' tras el sí más brillante que nunca. Si todo amor tiene su negación y es difícil aceptarlo, será insoportable un amor que surge de la negación para afirmarse y que después se tenga que volver a negar. Si Tomás me sacó en volandas del portal, el día que me vio tan triste, ¿cómo podría arrastrarme a la pena de nuevo? No le daría ocasión de ir con él a una estación de tren para que me pisoteara el alma en las despedidas, como había hecho A. en el pasado.

Se trataba ahora de sobrevivir viéndonos al pasar en el inmueble, mientras yo convertía en escritura los rescoldos del dolor y los desastres. Aparentamos vivir como si no hubiera existido nada de lo intangible: eso que nos permite saborear brillos de gloria y tanto nos dificulta el transcurrir de la vida social y orgánica.

Nuestra pasión disimulada se desplazó hacia las mentes de algunos vecinos. Así, de ahora en adelante y durante meses, no podría acceder a la dicha viendo, besando, tocando a Tomás, o paseando junto a él, sino que mi único alivio ante la profundidad de mi deseo iba a ser conversar con el vecindario del elemento común: el hijo del portero que, ahora —tras la enfermedad de su padre— repartía el correo por la tarde, antes de ir corriendo casa a cuidar de sus gemelos.

María: vecina del piso dieciisete. Me visitó varias veces después del accidente de mi hermano. Con ella hablé durante horas.

Milagros: coincidíamos, algunas veces, desayunando los fines de semana, en el café más próximo a nuestra casa —donde Tomás me había visto conversando con R.P.

Esther: a menudo me tropezaba en el ascensor con ella, y hablábamos de la minusvalía de su hija joven.

Agustina: aficionada a las flores; me invitó a ver el jardín de su terraza, casi desnudo en las oscuras tardes de noviembre.

Montserrat: profesora de química, aconsejaba buscar consuelo en los desconocidos. Yo sabía que el único consuelo era escribir, aunque tuviera que decir apenas nada.

Elena: la rusa del piso tres. Me sonreía, con cara de cómplice.

Nos encontramos varias semanas seguidas durante las tardes en las reuniones de vecinos para tratar el asunto de las grietas. El portero seguía enfermo; enviaba a su hijo para que lo tuviera al tanto de la marcha de las negociaciones, algo que le interesaba en particular al ser inquilino del edificio: vivía en el ático.

Tomás y yo nos observábamos, parecíamos formar, entre los dos, una línea recta, un trazado ideal para vernos de frente. Una de las veces llegó tarde a la reunión, como de costumbre, y me fijé con detalle en él desde que entró por la puerta —que abrió y cerró con sigilo—. Parecía un niño de primera comunión, con el pelo húmedo de recién duchado y una blusa blanca y pulcra. Me dejé sorprender por esa apariencia aniñada, transitoria, de los hombres que parecen buscar consuelo pero que no lo buscan en realidad, sino que solo es una provocación confusa.

Le hice un gesto al acabar la reunión preguntándole si podía bajar con él en su coche. Dijo que 'sí'.

De inmediato me sentí a salvo. Los vecinos y los técnicos pasaron a formar parte de un fondo difuso, eran los acompañantes de una gran fiesta: la fiesta del alma reconocida por la claridad. Saber que estaríamos solos y juntos en su coche durante unos momentos, me arrancaba el dolor, de repente; algo cercano me devolvía la alegría. Bajábamos las escaleras como quien va de regreso firme hacia la luz. Así —pensé—: "¡qué extraños son los sentimientos!, ¡que juego de peligrosidad en el equilibrio mantienen sin cesar con sus contrarios!"

Estaba claro que Tomás tenía ahora todo el poder de hacerme zarandear en los extremos; así, pasar de la alegría a la tristeza, o de la inmensa tristeza a la alegría, y solo por el hecho de saber que me acompañaría un rato. Volvería a sentirme dichosa al caminar de nuevo junto a él, al dirigirnos a su coche y hablar hasta que me dejara en casa. Estaba siendo una conversación informal y fluida, acerca de nuestros lugares de procedencia y la familia. Llegamos al semáforo, donde yo debía bajar en la esquina.

—Ya seguiremos hablando —me dijo—, pero no en el portal.
—Está bien, cuando quieras.

Bajé y reprimí el deseo de girar y enviarle un saludo con un gesto: alguna marca simbólica de abismo en relación con la naturalidad, de modo que yo pudiera expresar todo el misterio; pero no lo hice; continué erguida, caminando. Subí a mi casa; cogí las llaves de la casa de campo de mi hermano Luis, y llamé a un taxi que me trasladaría al lugar de las ruinas, como a un santuario.

Entré aquella noche, sola en la casa. Me dirigí hacia el sofá cama, y me tumbé agarrada al pasado. Acariciaba poemas, me dije, o tal vez no: dejaba la mente fluir desnuda, sabiendo que había vuelto a amar y estaba libre ante la desesperación porque no la sentía. Se podía palpar, como en un único tiento, toda la oscuridad de aquella noche, y estaba a salvo por saber que Tomás existía y tal vez haríamos real la escena de estar juntos acostados; o recordarnos, al vernos el uno al otro aparecer en alguna ventanilla de autobús, o tren —como en otro tiempo me había sucedido con A.—, en torno a nuestra imposibilidad y los momentos.

Venían los vecinos y los amigos algunas tardes a casa para acompañarme, pero eran relaciones sesgadas, por muy intensas que pudieran parecer las conversaciones o los encuentros. Con Tomás la posibilidad de mi alma de entrar en comunicación era un despliegue directo y certero, como dirigido a un centro, de modo que no había duda: el resultado solo podría ser alegría o tristeza, muerte o vida; pero él no lo sabía; ignoraba su poder. Haberme tratado con grados de desdén, a él no le habría parecido grave. Crecía la obsesión. El amor siempre había sido para mí algo mental, y la recogida posterior de los añicos, como un espejo infinito, con capacidad —al romper— de multiplicar todas las caras del Universo y ponerlas boca arriba. Esta vez, el poder del sexo era más declarado: tanto coqueteo con morir le había otorgado a la definición sexual posibilidades combinatorias desde un fondo. El origen de la fuerza, aunque yo lo situaba en el descubrimiento de determinados poemas, tal vez procedía de mucho más atrás: de una antesala; como ir viéndose a uno mismo en relación con el deseo. Cernuda sí lo había dicho: deseo y poco más; esencia humana disfrazada de otra cosa: cualquier forma de apariencia.

Los viernes por la tarde se concentraba la soledad. Si él se había masturbado pensando en mí, yo también podría hacerlo, como un modo de vencer la separación que nos mantenía alejados. El tiempo engordado de soledad se convierte en una sombra mortífera, como si se devorara a sí mismo, y sucede un fluir indefinido sin respeto por nada. No sentía remordimientos anteriores de los afanes puros de la moral cristiana; había ido y vuelto del infierno; ya me había quemado con el dolor, y ahí estaba yo para seguir resistiendo. Había sido rata o perra o cerda; a todo el mundo le habría dado igual mi incursión en otras formas de ser. Ya había podido comprobar que la muerte no altera, en el exterior, apenas nada. Circula el Universo por los mismos raíles. Solo la soledad engorda, como insectos cebados, y contiene la posibilidad de descubrir parajes yermos. Así, imaginaba los dientes de Tomás y se me deslizaba la lengua por un paredón blanco.

Me sentía como una fulana frustrada. No tenía cliente, ni amigo, ni jefe, ni hermano. Quedaba solo la vocación; como un amasijo de formas inertes, indefinidas; el deber de escribir, sin más: sin tema, historia u objeto.

XV.

Doble negación

Esperé algo más de una semana desde el día que regresamos de la reunión juntos en su coche. Después del sueño y una noche de pesadilla le telefoneé a su banco un viernes por la mañana, dejé aviso de que me llamase; lo hizo unas dos horas más tarde. Al oír su voz, por el tono y la disposición primera, comprendí que no me lo iba a hacer fácil; y así fue.

—Se me ocurrió que, como no habíamos terminado la conversación el otro día —le dije— podíamos vernos en el fin de semana.

—Eso me va a ser difícil porque "como ya sabes" estoy muy liado.

—Tampoco quiero molestarte.

—¿Estás bien? —añadió.

—Sí, sí, no te preocupes.

Los esquemas son repetidos e invariables. De poco sirven las pesadillas o los sueños: forman unidades autónomas, deslavazadas, suspendidas de su aire. El destino volvía a hacer otra jugada; no solo el deseo no iba a poder esta vez adquirir sentido, finalidad, sino que se convertiría en doblemente negado.

Este hombre, tan divinizado en el momento aquel, repleto en la luz, decía que no tenía tiempo para que habláramos. Su intención era aparentar que no había ocurrido nada, quitarle sustancia a lo más verdadero que hubiese existido para que pareciese que la belleza era irreal: solo un sueño falso y estúpido. Y así, pensé, solemos comportarnos en la vida: pecados taponando plenitud o felicidad; negaciones en los juegos de amor que logran aniquilarnos.

Vuelve a mostrarse lo externo en toda su extensión; se manifiesta la vaciedad de la naturaleza, de los campos y los ríos, de las ciudades.

Cuando colgué el teléfono agarré la cabeza y me pregunté: "¿Qué está pasando aquí?: vida tras la muerte; ¿y ahora, otra vez, muerte tras la vida?"

Las conversaciones con los vecinos y amigos, ¿habían sido comunicación?; quizá sí, en un grado remoto. Las conversaciones con Tomás habían recorrido abismos, alcanzado fondos; pero los hechos se volvían especialistas en mostrar el paraíso para huir, para que después las mujeres se metan sus literaturas por donde les quepa y les quede toda la extensión del tiempo a su disposición, para tomarle pulso y sabor a la infinitud de los segundos recorriendo, poco a poco, los circuitos de las venas. Ellos siempre retornan al hogar, a las formas seguras de las convenciones; todo, menos permitir que la belleza sea verdad, no solo deseo o poema, sino que los cuerpos humanos, en un momento, puedan plasmar la inmensa plenitud de un paraíso, al verse o mostrarse. Así, cada ser humano encierra poder de transformación para dejar de ser la insignificancia que era y representar la luz real, la verdadera.

Salí a la calle, muy triste, en aquella mañana de viernes. No sabía adonde ir. Me dirigí a visitar la tumba de mi hermano. Lloré la amargura del barrio aquel, de las zonas de la ciudad que rodean el cementerio. Se masticaba la disolución de tantos millones de flores que han muerto allí, se huele en el aire, y le maldije a Dios su Universo como un conjunto horrible, insoportable. Yo decía con mi llanto lo que no se puede decir; por eso me resistía a dejar de llorar, de modo que lloré con desconsuelo: siete meses después de perder a Luis salía entre lágrimas el odio hasta el punto de sentir asco de amar sin saber a quién; y aunque lo hubiese sabido todo sería peor. La inseguridad hacía posible que yo dejase a aquel hombre seguir con vida, y a su mujer, y a sus hijos, a sus amigos; si no, habría tenido que matarlos, uno a uno, con la misma impiedad con la que el mundo despoja a sus seres, y les abandona, para que logren solo la plenitud de pudrirse.

Este canalla me traía en bandeja la muerte duplicada, porque me había acercado al fulgor de la luz para mostrar después la oscuridad más ensañada. Me entregaba la madurez para ir a la peluquería y ensayar tonos en el maquillaje.

Un llanto cercano a una tumba yo no sabía lo que era: es una enorme oquedad sin sentido ni fondo, una escandalosa provocación para que hagas con tu vida lo que quieras. Te conviertes en un perro callejero sin rumbo ni camino, y continuamos en el equilibrio por la fuerza de las costumbres. Lo que se desea es amar, sentir consuelo; que alguien se aproxime al corazón y llene al completo el corazón de besos lamidos; masticar besos, comer carne de cuerpo, recorrer piernas grandes, acariciar umbrales de intimidad, y quedarse ahí, un tiempo quieto. El deseo permanente de toda la vida se vuelve deseo de inmensidad; como contrapartida, más negación tras la afirmación que es solo una continuidad negada. Y aguardan canas y madrugadas, jornadas encogidas entre la distracción y actos de engarce a la realidad, mientras el espíritu pulula retorcido entre territorios de flores que no existen.

Toqué la losa de la tumba y estaba tan fría que pude comprobar que mi hermano no estaba allí. Yo había reflexionado sobre la vida, pero no había comprobado, con tal unidad de medida, la nueva hondura del horror. Entonces volvió la idea de que mi verdadera vocación habría sido la de prostituta: la retahíla de hombres distintos, despojados de sus máscaras, pensé, le habría dado una marca de autenticidad a la vida, que se me manifestaba como algo huidizo y flotante. Lo bueno de haber tenido un hijo es que así me parecía más a Ana Karenina o a Emma Bovary; pero yo no deseaba suicidarme como lo habían hecho ellas, sino empeñarme en vivir; aunque la vida, ahora, se me negaba; nunca me bastó con observar la naturaleza.

Yo necesitaba hombres, en un grado y de un modo que ellos no alcanzan a comprender. Se les necesita para la coreografía de las escenas; para mover los ojos, como si los ojos fuesen antesalas dulces de abanicos; y las estancias, lugares que los acogiesen, ¡se les ve siempre tan perdidos!

Y soñaba con Tomás de un modo repetido. Le veía en los sueños sin poder alcanzarle, como la primera vez le encontré, en un sueño; pero ahora, en los sueños había imposibilidad y deseo, y no había besos, ni su antesala; solo era posible masticar la atracción, como el día aquel en la reunión de vecinos por el asunto de las grietas. Estaba siendo tan fuerte la atracción que debía contraponer a la fuerza de ese imán la idea de que debía asesinar a su familia al completo. Me colgué de su labio inferior y me balanceé ahí, mientras el ingeniero hablaba de cálculos de presupuestos, y yo le oía, al fondo; y observaba a Tomás: su aspecto de niño pulcro, de primera comunión, como una madre obnubilada por el amor que le profesa a su hijo único.

Volvía a estar recluida en mi interior, de ese modo claustrofóbico que ya había vivido en el pasado. La pasión amorosa, ahora, se iba a caracterizar por carecer de propiedades comunes a muchos, como suele ser el rasgo distintivo de cualquier noción o concepto, es decir: pasión definible por rasgos comunes. El amor se rellenaba de especificidades que me lo hacían único, y me aislaba de los acontecimientos o los seres, aunque algunos pudiesen estar compartiendo experiencias parecidas. No resultaba de utilidad saber que muchos humanos murieron y que otros muchos sufrieron pérdidas de seres queridos; todos los acontecimientos estaban resultando originales para mí. Original también la extraña disolución entre el amor y la muerte a la que yo asistía: una especie de reconversión pero que no acababa de hacerse plena.

Solo había mostrado la posibilidad de la resurrección, como si el mundo, de verdad, pudiese ser mágico, pero ahora había vuelto el horror de la materialidad soez y ruda de la contundencia de las cosas. El milagro dependía de que Tomás supiese estar a la altura de las circunstancias de su deber metiéndome en la boca, por fin, el fragor acompasado, nítido y brillante de los poemas.

Si el amor, en lo que se refería a mi vida, no lograba consumarse, ello podría guardar relación con mi destino de escritora; tal vez los hombres lo vislumbrasen, y entonces es cuando se van: no les importa interrumpir las escenas, prefieren no ser utilizados para las descripciones.

En cualquier caso, contaba a mi disposición con toda la posibilidad del sufrimiento para la próxima extensión de los momentos y los años; pero esta vez podía elegir transformar la contundencia del sentir mental continuado por escenas de masturbación femeninas. Así, la diosa, tan bien entrenada a sentir hasta la locura, estaría dispuesta a intercambiar sensaciones físicas al menos cada viernes, cuando el ritmo de la semana se parece al esplendor del verano y la maravilla. Si Tomás optaba por hacer como que apenas me conocía, yo siempre sería capaz de fijar en imagen su boca y sus dientes, y chupar allí hasta verter gotas de sangre. Todo menos otra negación. Una negación, ahora, no era una negación: nuestra relación negada sería mucho más que eso. Su 'no', primero, volvería para mí más deseable su cuerpo —no estaba siendo capaz de resistir la inmensidad del deseo que me ahogaba, como un arbusto de piel habría asfixiado mi dolor en la garganta—. El 'no' tendría que conducirme, con fuerza, a asesinar. Este hombre ¿qué había hecho conmigo?

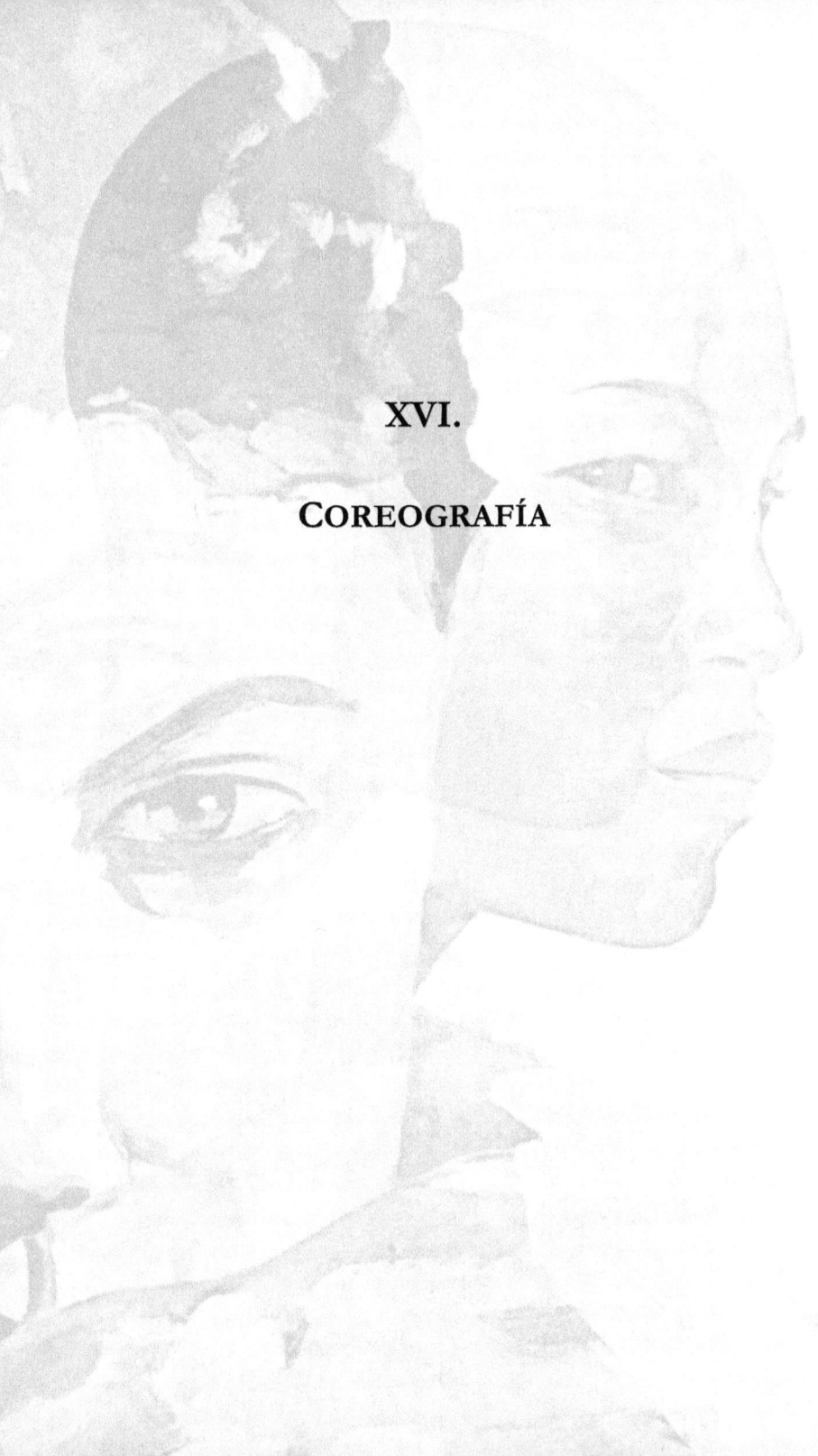

XVI.

Coreografía

Las diecinueve plantas del edificio de mi casa parecían la expresión de una ciudad. Esto lo anticipó mi familia cuando decidió comprar uno de aquellos pisos. Nosotros vivíamos en el trece. En el catorce, el pintor L., su esposa y su hija Francine. En el once, un exportador de carne —salchichas—. En el diez, un farmacéutico. En el seis P., la antigua actriz. En el cuatro R., el médico de urgencias. En el siete, el fotógrafo. En el quince, el escaparatista...; y arriba de todos, el padre de Tomás, que divisaba en su ático la mejor vista de la ciudad con las avenidas y el puerto.

R., el médico, había muerto un año antes. Era uno de mis amigos; había soportado con entereza su enfermedad, con la misma fuerza y decisión con la que yo debía resistir la negación de Tomás, al no permitir el despliegue, el desarrollo de nuestra historia.

El hijo del portero conseguía —sin hacer nada— que pensara en él. Se asemejaba a Dios de ese modo continuado e inactivo. Fue creciendo su presencia, haciéndose grande. Antes de la muerte de Luis yo le rezaba a Dios como si fuese un Ser, ahora me dirigía a Él sabiendo que era Nada, como Tomás, quien me había dicho: "la tercera posibilidad, no" —la primera era amistad, la segunda sexo, la tercera amor—; o sea, tal vez podríamos acostarnos pero advertía que no me amaría. Eso decía el miserable, como si yo fuese una fulana. Lo curioso es que lo soy, pero no la que él cree, sino otra mayor; una mujer con capacidad de amar en simultáneo, dirigiendo escenas artísticas: seres.

Esa naturaleza mía carecía de desarrollo. Se hallaba la pura posibilidad en suspensión, con el tiempo transcurriendo mientras Tomás alimentaba y veía crecer a sus gemelos.

Las pasiones no realizadas generan monstruos y enfermedades. Yo sabía lo que era desear a alguien; pero, en la relación con A., no había habido más que amor negado; ahora —me repetía— la negación procedía de la afirmación que representó la negación de la muerte de mi hermano —esa era la luz que se veía en aquellos momentos de intimidad que Tomás y yo habíamos logrado arrancarles a las tinieblas—. La cuádruple negación me destruía, y la pasión se había hecho inmensa.

Parecía imposible que algo así pudiera suceder: una maquinaria puesta a funcionar sin producción ni nada, como un conjunto de trinos sin primavera, o dientes sin comida, o manos sin objetos, como una fábrica textil con el ruido de los telares pero sin hilo y humanos, es decir, un funcionamiento puro y en vacío.

Pasaban días y no veía a Tomás. Primero pensé en sus hijos; sabía que los niños iban a una guardería, podría planear un secuestro y asesinarlos; después en su mujer; solo la idea de enfrentarme, de cualquier modo, a esa mujer, me resultaba repelente. Este hombre no podía dejarme así, como si nada hubiese sucedido; pero enseguida se me hacía nítida y presente mi decidida tendencia al bien; siempre podía girar un poco la tuerca del dolor y continuar soportándolo todo, resistir. El dolor de otros —a pesar de los clamores de la lógica—, no aliviaría el mío, sino que el horror de los males aumentaría mi dolor. Yo solo era una artesana de la belleza hallada en las palabras, una esclava de la conjugación de los verbos que había vivido, de forma exaltada, la poesía en sus inicios, en la adolescencia; y quería ver plasmada, de una vez, la simultaneidad de las formas. En realidad, lo que siempre había querido era la santidad, pero no hecha de pasiones negadas, sino satisfecha con pasiones supremas, maneras elevadas de estar tardes y noches al compás, al sonido de olas o versos; de cualquier acción que encerrara ritmo: y esto era lo que no ocurría.

Si Salinas no hubiese introducido en mi cerebro tal amasijo de imágenes, yo siempre habría estado un poco más a salvo; pero ese poeta, y Lorca y Cernuda me habían contaminado de verde o lila la materia gris, y me habían dejado sola y convulsa para auscultar futuras jornadas de tardes.

Ahora anhelaba alguna forma de vida vegetal. Bien habría aceptado para mi duelo interior días tranquilos, como si el dolor y el luto pudiesen estar cerca del sosiego, y no tan unidos a esta exaltación de deseo quemándose en lo inmenso y negro.

Me habría gustado que el deseo me dejase descansar en estos meses de abismo e intimidad; pero no solo no fue así, sino que se volvió más fuerte y demoníaco, hasta el punto de encontrar sentido y necesidad en los males de los otros.

Las posibilidades eróticas de la vida de Luis parecían haberse multiplicado y hallarse dispersas por ahí, como las serpentinas en la fiesta de Reyes; pero los mundos flotantes solo los veía yo; Tomás se comportaba como si él ya hubiese decidido que jamás seríamos amantes. Eso era todo: había que aceptar la muerte, conocer que había fin, y seguir respirando como conejos.

Pasaron semanas. Tomás pululaba a veces por los alrededores de mi casa: en la portería, haciendo gestiones en las oficinas de la administración de la comunidad de vecinos; otros días no lo veía. Se comportaba conmigo como si su misión ya estuviera cumplida. Yo sufría. El físico de ese hombre para mí se había convertido en un imán: lo deseaba de una forma desesperada, necesaria. Nos habíamos convertido en los protagonistas del poema de Vicente Aleixandre... que después es como si no se conocieran: *...y ha sido una tarde sola del amor, infinita,/ y luego en la oscuridad se pierden, y nunca ya se verán/ porque nunca se reconocerían...* Quizá pasaron meses; yo contaba con las actividades cotidianas y la invitación de la tumba.

No me detendré a analizar la vivencia de la temporalidad, en cómo existí en torno a esas semanas. Disponía de todo el dolor, lo encerraba en el alma y lo devoraba, como larvas o presas lo harían a su vez con presas distintas. Lo que yo no podía imaginar es lo que iba a ocurrir poco después, lo que ya había sucedido.

En las últimas asambleas de vecinos Tomás seguía llegando tarde; se sentaba enfrente, nos observábamos intentando que no se notase mucho; se iba también antes de que acabara la reunión: tenía que cuidar a los gemelos; pero cuando ya parecía que teníamos bien ensayada la representación, los movimientos, el modo de estar, sucedió lo siguiente:

Era jueves, el arquitecto llevaba un rato sin parar de hablar. De vez en cuando, se abría la puerta e iba entrando un vecino que se retrasaba. (Intentaré narrar la escena con otro ritmo, con el ritmo que tuvo para mí, y constatando la ralentización de los movimientos que, ante la propia percepción adquieren en ocasiones las escenas trascendentales de una vida). Yo observaba la puerta: se abría; pensaba si entraría Tomás: no, no era él; era otro, alguien indiferente, un extra de la representación. Se abría la puerta de nuevo: era otro alguien, que, no solo llegaba tarde, sino que también estaba atravesando el umbral con lentitud, de modo que me resultaba un poco más difícil constatar si, esta vez, era Tomás o no. Al poco rato se volvió a abrir la puerta; había tenido ocasión de pensar qué vacía y sosegada se hallaba la estancia sin él. Pero es entonces cuando entra, dando la espalda a los que ya estábamos dentro; se vuelve hacia nosotros, busca con la vista dónde sentarse; estaba libre una silla, no junto a mi, sino en el siguiente lugar; a mi lado estaba sentado J., el armador de buques —vecino del piso dieciocho—. Tomás se sienta —yo tenía decidido que no le observaría, dejaría pasar la jornada con tranquilidad.

Tuvimos un descanso; salí hablando con el armador. No observé más; intenté concentrarme en la conversación y en la indiferencia hacia Tomás, aquella tarde. Interrumpimos la reunión el tiempo necesario para tomar café.

Subimos. Y fue entonces cuando sucedió la escena y conjunción de movimientos que, según lo veo ahora, he de guardar en mi memoria como uno de los instantes sublimes de mi vida. Me dirijo hacia la silla; siento —sin mirarlo— el acercamiento de Tomás; está moviéndose —creí que quería acercarse, aunque me

extrañaba, para ocupar otra silla—. Busca mi rostro y sitúa, en el centro de la aproximación, las palabras:
—Se murió A.

La escena estaba siendo perfecta desde el punto de vista coreográfico; éramos actores en un escenario. Yo acababa de escuchar las palabras, según las cuales, el hombre que había querido, la enfermedad de mi mente por la obsesión, había muerto; pero no solo no era horrible, sino que estaba siendo hermoso.
—Ven hacia aquí, siéntate más cerca —me dijo Tomás. Lo hice. Estaba pensando en decirle: "Como sigas tan distante, me voy a volver loca", pero no fue necesario.
—Lo siento —me dijo— creí que lo sabías... salió en el periódico. El arquitecto nos habló de su amistad con el rector, acabamos de comentarlo mientras tomábamos café.
Quedé un rato ensimismada, con las manos en la frente y la cabeza agachada.

Me había vestido como para una ocasión especial: llevaba una falda negra algo ajustada, medias, y zapatos de tacón; hasta creí haber llamado la atención de los vecinos. Y sentía la protección de Tomás: estaba pendiente de mis movimientos; él sabía, y lo recordaba, lo que A. era para mí.

Pasaron unos momentos. El arquitecto hablaba...
Le dije a Tomás:
—Me voy. Hace el gesto de mirar el reloj y dice:
—Te llevo. Salimos de allí. Tal vez, pensé, nos estamos poniendo en evidencia delante de todos —siempre creí que cuando un hombre y una mujer se atraen emiten brillos que los demás perciben—; sentía mis piernas flaquear,

pero era consciente de la forma de mis piernas; imaginé que alguien las miraría, con aquellas medias negras.

Volví a sentirme a salvo. Recorríamos los pasillos del edificio de las reuniones, pero todo estaba siendo perfecto en su ser. La única persona —Tomás— capaz de sacarme de la desesperación y devolverme la alegría, era quien me estaba dando la noticia de la muerte del hombre que había sido mi amor. Volvía a salvarme del horror y a mostrarme la belleza esplendorosa pegada a lo más horrible; y no estaba triste, sino al revés. Habría querido que aquellos pasillos y escaleras —por los que bajábamos— se hicieran interminables. Ya lo estaban siendo para mí, porque ahí querría quedarme el resto de la vida.

Al llegar a la calle me agarró el bolso para que me pusiera con comodidad el abrigo en aquella noche de febrero. Buscamos un lugar donde tomar algo y hablar. Aparcó su coche cerca de mi casa. En esos momentos yo pensaba en A. y en Luis, pero me estaban importando poco los muertos, y me sorprendí de la infinita potencia del amor, con capacidad para arrasar cielos y tierras, transformar el dolor en plenitud, y dejarnos respirar —entre el convencimiento de la luz— ratos enteros; extraordinario su poder liberador, solo por acercarse.

XVII.

EL BESO

Nuestra conversación trató de varios asuntos, de los malentendidos y la distancia entre los dos; y, aunque no saqué nada en claro en lo que se refería a comprender sus reacciones durante los últimos tiempos…, nada dejaba de brillar. De repente sentí que ahora Luis no estaba solo si alguien como A. se había ido también, así se hallaría más a salvo, protegido, acompañado.

Resultaba imposible aceptar la idea de esta muerte. ¿Cómo y qué estaba pasando? ¿Cómo podía todo mi mundo tambalearse de este modo? Tomás tenía que marcharse, era tarde…sus pequeños gemelos…

—Te acompaño al coche —le dije—, aunque estaba muy cerca. Al aproximarnos, dijo:

—Sube, te llevo. 'Te llevo' significaba dar vueltas alrededor de una calle, la situada al lado.

Sentía su presencia, algo que nos envolvía.

—Dame la mano —pronuncié—, venciendo resistencia—. Observé su mano derecha que estaba en el mando del cambio de marchas. Me la dio. No recuerdo el movimiento exacto pero de repente contemplé una mano extendida que era un espectáculo de hermosura. Abierta ante mí, parecía una tela de araña que representase la perfección entera del mundo, la totalidad. (Un acto igual: extender —aquella vez— mi mano ante una lámpara, había tenido lugar en la niñez, cuando descubrí algo especial en ese instante repleto de eternidad y por donde estaba circulando el resto de la vida). Entonces empecé a recorrer con un dedo aquellos dedos suyos: hice trazos horizontales y verticales y paseé su mano como un gran territorio lleno de ríos, bosques, montes. Si, como dice el filósofo Wittgenstein: "la proposición es la esencia del mundo", una mano también podía ser la muerte y Dios, y la nada y el abismo, y el amor, y la salvación, y convertirse en labio. Vi aproximarse su boca, y le besé haciéndome consciente de la tibieza y hermosura de mis labios iluminados por la extensión de mi amor por A., quien una vez me había dicho: "Me olvidaré de ti cuando me vaya de este mundo"; pero yo no le olvidaría, ni estando muerta.

Así vi mi vida: como extensiones, más o menos, vacías, entre besos. El beso de Luis, dos besos de A., dos besos de Tomás. El beso, ahora, estaba siendo una transmisión de vida encendida. Tomás le estaba copiando el gesto exacto, la postura, el porte, la inflexión del cuello al dirigirse a mí; se lo tomaba todo a A., que se lo entregaba, como una antorcha en competición universal de belleza, desde el inicio de los tiempos. Instantes extraídos, vueltos luz y desesperación, por no poder retenerlos. Un momento después de haberme paseado en su mano, descubro ese cuello largo vertido hacia mí, buscando mis labios, desde su posición de conductor de un coche, como había hecho A., muchos años antes en aquella tarde anhelada de septiembre. Y me quedaría, como siempre para mí, la reflexión.

Llegaba un autobús que se puso detrás: el coche estaba mal aparcado; tuve que bajar mientras Tomás seguía calle abajo.

Fui pensando que regresaba a otra dimensión; a mi casa, al interior, allí donde había sucedido tanto en el vacío. Mi capacidad de pensar era una estancia abstracta que había acomodado para hacer realidad el amor que nacía negado: el amor por A. Desde el verano que pasé con Luis, en el que se anunciaba todo el potencial, hasta el último beso de Tomás, yo había construido un edificio interior que no tenía diecinueve plantas —como el real en el que vivía, del que era portero el padre de Tomás—, sino que constaba de cientos de habitaciones por las que transitar, como un gran laberinto de ratas, por donde iba, venía y se colaba mi deseo, mientras no se hacían realidad los afanes literarios o los juegos de las prostitutas. Y me preguntaba por qué eran los hombres tan reacios a acercarse allí, a hurgar por aquel gran territorio mío que asustaba en su apariencia repleta de plantas carnívoras, pero que era solo la estancia provisional donde descansaba la ternura de tanto beso colgando.

Flotaba al caminar por la calle mientras atravesé la pequeña distancia que me llevaba a casa. Volví a pensar en las palabras de Tomás: «Se murió A.». Me parecía que todo era fantasía; había gran dificultad en diferenciar la vigilia del sueño, las estrategias de la mente para camuflar la realidad y la exaltación de la imaginación para soportar la negación de los amores. Algo se me estaba acercando para provocar toda clase de terror y despertar mi existencia del letargo, pero no sentía tristeza, sino admiración por las potencias de la vida, aunque me disgustaba el tiempo que hay que esperar para observar milagros.

Ahora A. podría seguir estando conmigo, como había estado siempre desde que lo conocí. Su muerte nos unía hasta esa eternidad que tanto nos fascinó a los dos. Ya no tendría que imaginarlo con su familia, en el mundo. Se hacían realidad —y aun así yo estaba viva— las exigencias románticas de nuestra unión reacia a las palabras; pero volverían recuerdos de instantes corpóreos que debería recoger: los momentos de las despedidas en la estación de tren de su ciudad; diez años transcurridos desde la última vez en la que se había masticado muerte entre aquella visión dibujada de raíles.

Había aumentado la riqueza, el valor de mi legado. Contaba con cientos de antorchas quemando lo que de indecisión o pereza hubiera podido quedar en mí en relación con la necesidad que sentía, y el deber, de convertirlo todo en obra de arte; dedicada a los seres humanos de la Tierra, presentes y futuros, hecha posible por las señales indecisas, temblorosas, inseguras —según yo las veía— pero nítidas ahora, vueltas carne, procedente de esos hombres, por su desaparición definitiva de este mundo. Podía estar segura de que cada vez que había creído tener, o sentir, una alucinación divina —al haber tenido cerca a Luis, Tomás o A.—, aquello era, de verdad, sustancia sutil desconcertante. Y si el conjunto hubiera sido solo explicable por una compleja combinación de corrientes eléctricas o glandulares de los cerebros, el resultado habría sido igual: aquello no se producía cada día, sino en instantes, salpicando años triturados entre el tiempo, descartando así el fluir más apacible de los días.

Me dije a mí misma que sí: que la existencia humana no es más que un recorrido circular en torno a una pasión, y pensé que la pasión momentánea entre nuestros progenitores que nos trajo a la vida es la marca, el camino de la desesperación una vez que ya hemos nacido. Tal vez a A., que había sido mi profesor de literatura, le habría gustado saber que yo había creado un Universo escrito que nos sirviese de casa. Estancia desprovista de habitaciones de ladrillos y repleta de laberintos de posibilidad entre los que habría que transitar ahuyentando los besos.

Se me había calentado tanto la sangre oyéndole recitar a García Lorca que prometí que lo perseguiría hasta el final, aunque tuviese que denigrar mi cuerpo entero; pero mi vida no se materializó en fulana, en escritora, ni en nada de eso; me convertí en una especialista de la flotación y anduve por ahí durante años, con aspecto distraído cultivando formas de pureza. Tenía que elegir, ahora, entre profundizar en alguno de nuestros momentos juntos, extendiendo la mente aún mucho más, o entre la necesidad de trasladar todo el legado de belleza reprimida y encender con esa chispa el cuerpo vivo de Tomás. Este hombre se encontraba distanciado socialmente de mí, pero estaba siendo el elegido para la explosión de la maravilla. Le encerraría en un cuarto, hotel similar a la estancia imaginaria de mis huecos mentales con A., algo en ese estilo. Mejor aún: lo recorrería palmo a palmo en cada una de las células de su cuerpo retratadas con microscopio, por el deseo de 'la mujer' del inicio de la Humanidad, y me tragaría su sangre para vomitarla después a alguno de los dioses, al más próximo, al más amigo. Ahora, por primera vez, tendría que perseguir una imagen que antes hubiera sido carne.

XVIII.

El mensajero

La pasión no se detenía en ningún lugar: transmigraba. Así, pocos días después, yo esperaba ver a Tomás en la siguiente reunión de vecinos para tratar el asunto de las grietas.

Las diecinueve plantas del edificio parecía que no se sostenían como era preciso; había una dificultad añadida en el cálculo de la oscilación, de modo que, viviendo en el piso trece que era mi casa, se podía sentir el movimiento de la torre cuando soplaba el viento con fuerza. Llamaron a un arquitecto holandés experto en desastres a quien reconocí nada más entrar en la sala. Estaba sentado, charlando con B., el vecino del ocho. Al verme se quedó mirándome como si hubiese descubierto algo —detalle que serviría de ocasión a mi mente para reflexionar sobre la celeridad y el carácter certero de las miradas—. Mientras daba su discurso y propuestas de solución, pude comprobar que me observaba; incluso me di cuenta de que tenía un cierto parecido con A.; pero dado que A. estaba muerto, la vida me parecía una asquerosa repetición absurda y grosera.

Un rato después, cuando estaba absorta en controlar la dirección de la ida y venida de los ojos, llegó Tomás; se sentó enfrente. Por un instante lo vi lejano en relación con el arquitecto holandés, oscurecido, distanciado, como si me fuera indiferente, como si alguna otra potencia superior le apartara, por un momento. Sentía rabia, pero me hice consciente de que un cierto atractivo debía haberse concentrado en mí; no estaba pasando desapercibida.

Al acabar la reunión fuimos a cenar un grupo de vecinos con el arquitecto holandés, quien, entre broma y broma, no dejó de mirarme. Me escurría entre mí misma, entre la sombra de mí que tenía bien desarrollada durante los eternos años de indiferencia. En el momento de despedirnos intercambiamos las direcciones. El arquitecto me dijo que se había alegrado mucho de conocerme y otra clase de cumplidos y pensé que esta vez estaban siendo ciertos. Quedó en prepararme una solución concreta para la grieta más grande de la torre que atravesaba de arriba a abajo mi cuarto de baño.

Las noches siguientes fueron de desasosiego. Me hacía consciente de que mi existencia era un purgatorio. Cualquier observador superficial habría creído que esto se debía a mi falta de valentía, por ejemplo, para dejar mi casa y a mi hijo; pero yo sabía que la casi permanente sensación de respirar humos de fuego, se debía a ciertos desajustes de las almas que no tenían su origen en asuntos como podrían ser la toma de decisiones, sino que se relacionaban más bien con la belleza de los cuerpos, descubierta en momentos concentrados y que ahora se hallaban en su punto álgido: los ojos grises del arquitecto, las manos de Tomás, su compostura, el porte. Parecía un dios, y me sentía como una pervertida a la que ni siquiera permitían pervertirse; así, respiraba noches, me las comía enteras con vapores de eternidad irreverente.

Ya me había confesado que amaba a Tomás, y que la muerte estaba siendo poca cosa en relación con un sentimiento poderoso y, a la vez, me daba cuenta de que aún no había logrado asimilar la magnitud de los desastres, no podía creer que A. no estuviera en este mundo; debía reiniciar mi relación con tal especie aterida de fantasma.

Si la pasión no se realizaba en relación con los dos cuerpos físicos y el cuerpo del poema, se vería multiplicada por mil: unidades infinitas de la negación de la potencia impulsada por la muerte de Luis; unidades infinitas de la negación del amor contrariado de la muerte de A. El hijo del portero de mi casa era el mensajero, el portador de la dicha; tenía en sus manos la posibilidad de que yo conociera en el Tierra el espectáculo de la maravilla haciéndose carne; así, una madrugada o una tarde debería producirse, por necesidad, la exaltación, el estallido, como cuando comenzó a girar la vida.

Tomás solo cumplía su misión mensajera, cuando de lo que se trataba era de salvarme de la muerte para que yo no pudiera desesperarme. Durante semanas y meses dejaba sobrevolar las amenazas del 'no', sin más; que esta vez contenían negaciones completas sin regeneración, dobleces infinitas en las propias muertes.

Debíamos pues, ya, al fin, iniciar los recorridos por las sendas del erotismo, inventándolo todo por primera vez: descubrir cada parte de los cuerpos, cada partícula de río; las aguas invisibles penetrando en las células, el vello de los brazos, la flexibilidad tan bien articulada del esbelto cuerpo de él; la pequeñez, reconocida y explotada, del cuerpo de ella. Las vidrieras de la estancia habrían de partir, extasiadas, hacia los orígenes del cristal, en otra orilla. Había que inaugurar los calores de julio en febrero, el intento de ajustar cuerpos distintos. Comerse las manos, meter en la boca el dedo más largo y morder los dedos —substitutos de las telas de los insectos tejedores que logran, con esa mezcla de tibieza y fealdad, representar la amplia totalidad de las cosas del mundo—. Tendríamos que profundizar en la espesura de la lengua, y hallar ahí momentos y momentos bien robados al curso temporal; eternizarlos entre plenitudes sexuales descubiertas con otro color —como de geranios vistos por primera vez en los balcones primaverales de los pueblos mediterráneos, en esas esquinas geográficas—. Si nos habían donado legados desde el otro lado de la realidad, sería para profundizar los impulsos y hacer que de una vez fuera verdad el deseo realizado, mordido, esclavizado por la voluntad, y no la voluntad sometida, siempre y siempre, a las tiranías irrealizables del deseo. Ahora todo dependía de la capacidad de decisión del hijo del portero —dado a la lentitud en las reacciones— a excepción de la provocación que parecían suponer para él los momentos trágicos.

  Por si se daba el caso de que no se produjera nada, cada vez que yo veía a Tomás intentaba aprenderme su cuerpo de memoria. Entendí que debía vivir la pasión dentro de mí. En las reuniones de vecinos procuraba observarle; indagar en cuál era el secreto de su encanto que me había llevado a estar seducida. Me di cuenta de que si se le miraba de perfil y su ojo estaba vuelto hacia otro lado, ya nada era lo mismo, es decir, Tomás tenía unos ojos hermosos, porque la belleza de estos en relación con la totalidad del cuerpo pasaba desapercibida; nadie habría dicho que tenía unos ojos tan bonitos, sin embargo, descubrí que lo eran; con la nariz grande y la cara estrecha, su rostro presentaba sospechas de asimetría y fragilidad; parecía un mecano desarticulado tocado por la gracia de Dios en medio de un Universo de confusos. Por un momento me pareció descubrir que sus tobillos eran endebles y su frente irregular; no parecía guapo, por partes, excepto las manos y los dientes, que destacaban, pero el conjunto, aunque aparentando defectos, resultaba extraordinario, como un junco en una playa en los solitarios meses de febrero.

Los cuerpos de los varones, pensé, no son siempre justamente tratados —tan exaltada como está la belleza de las mujeres—, pero la masculinidad es hermosa porque ha de relucir la ternura y la bondad entre estructuras y amasijos algo más férreos.

¿Era imposible vivir sin esa obsesión despiadada en relación con el amor?; ¿quién había inoculado este trastorno en mí?:¿Salinas?, ¿Cernuda? ¿Lorca?, ¿el beso de Luis?, ¿A.?, ¡qué sé yo! ¡Había tanta belleza, que cualquier salpicadura perdida y concentrada, bien habría podido ser la causa! Aquel verano con la luz intensificada y las noches tibias y extendidas tendría que llevarse gran parte de la responsabilidad en la construcción de la desgracia, de la enfermedad mental. ¿Cómo iba ahora a ser capaz de aceptar dentro de mi circuito neuronal que A., origen de la obsesión, quien lo había concentrado todo, estaba muerto?

XIX.

Un corruptor de la juventud

Conocí a A. un año después que a mi hermano Luis. Era mi profesor de literatura en el primer año de Universidad. Solo con indicar la selección de textos que leyó para nosotros, será fácil poder imaginarse qué género de demonio sorteaba yo en los alrededores de mi vida: Hölderlin, Shakespeare, Salinas, Cernuda, Lorca, Mann, Proust, Aleixandre, Borges. Amor-Belleza-Conocimiento en Platón: de eso hablaba este inoculador de venenos, un corruptor de la juventud.

Estaba muy pendiente de sus miradas mientras avanzaba la explicación; algunas veces sus ojos se detenían en mí, entonces sabía que no me confundía con otra; y me sentí reconocida. Ahí se encuentra una de las extraordinarias capacidades del amor, hacernos sentir quienes somos, y que ese ser que nos ha sido otorgado está, con precisión, de acuerdo consigo mismo, porque es alguien de quien el cúmulo de las cosas reales no podría prescindir.

Coincidimos por la calle un día, años después, lo seguí para aparentar que nos estábamos encontrando por casualidad; observé que entraba en una sala de exposiciones, fui detrás, y allí nos vimos. Quedé en llamarle porque necesitaba algunos consejos suyos sobre técnicas de escritura y crítica literaria; le confesé que quería dedicarme a escribir, que ya lo estaba haciendo. Tuvimos varias citas.

En la fiesta de fin de año recuerdo que pegué en la pared de la sala de baile un poema de Hölderlin;

extasiada, tal vez, por la espiritualidad procedente de la magia de ese poeta, le recé a Dios pidiéndole que me enviase con el nuevo año un gran amor; los dioses consintieron y Dios lo hizo: el milagro de los encuentros con A., que me agujerearon el cerebro para el resto de la vida.

El primero, tras una llamada telefónica, fue en enero. Recuerdo que A. giraba su cabeza hacia el lado derecho donde había un espejo —en la pared de la cafetería en la que nos citamos—; creo que me sorprendió notar que no disimulaba en su decisión de querer mirarse; descubrí en él alguien que, al igual que me sucedió siempre a mí, no podía resistir la atracción haciendo posible el acto del reflejo. Me habló de su predilección por los poetas alemanes. Decía que la poesía era una química pura. Comentamos algunos aspectos de nuestra vida, pero él siempre se elevaba; parecía existir desde otra atalaya del mundo, con su pensamiento lejano pero cerca de mí, porque sentía que lo amaba.

En el mes de marzo y abril asistí a un cursillo que A. impartía sobre el Romanticismo. Estábamos en el aula que había prestado la fundación X., y recuerdo que la puerta de un armario estaba rota, y dentro, en el suelo, se encontraba una botella vacía. Mientras A. hablaba yo sentía su voz como la acogida en relación con el destino, y observaba la botella como símbolo de horror, de suspensión, de amenaza. Contemplé aquel conjunto de elementos como una auténtica composición pictórica, en la misma realidad: fondo blanco, marco de la puerta oscuro, y la botella allí, en solitario, presagiando el final que ya se ha cumplido.

Cuando salimos del café hacía frío. A. me acompañaba a la estación de tren, yo volvía a mi casa. Nuestro amor se realizó, en el espacio: tres o cuatro citas en cafés,

los paseos a la estación, las despedidas; una tarde-noche de agosto; el beso en una sala de baile; el beso en la tarde de septiembre, junto al paseo entre árboles; también sucedió en el coche —gesto igual al de Tomás, hace unos días—. Y fuera del espacio: durante cada segundo de los veinte años después, mientras yo sobreviví espantando millones de vampiros de mi pensamiento repleto de luz y sufrimiento, como habiendo tenido que tragar toda la imposibilidad de la que creo alguna vez habló Shakespeare, cuando se refiere a cómo el alma se contraría ante la impotencia del que ama y el consentimiento y la naturalidad de las sociedades enteras.
—Viniste a pasar frío —oí que decía—; frase que me convirtió en un manojo de ternura.

Mientras caminábamos hacia la estación pensé en que aquello era un milagro. A. estaba ahí; ya no era el profesor, sino un hombre que tenía a mi lado; yo era una mujer, la mujer que él creaba al aproximarse. Entonces, pensé, es extraño que este hombre viva en esta ciudad, que exista en este país, que yo no haya tenido que viajar a las antípodas del mundo para encontrarlo. La estación de tren se nos convertía en el anticipo de la falta de espacio que yo iba a saborear meses más tarde. No solo servía para distribuir las idas y venidas de los trenes, también adquiría tono catalizador de las combinaciones del espíritu. Se nos acumulaban los besos que no nos dimos; se apelotonaban las muertes anunciando su obligatoriedad al tener que ocurrir. El tiempo se ralentizaba y me advertía de algo, haciéndome sospechar si estaría loca; pero ahora, tras la muerte de A., veo que aquellas premoniciones, augurios y barruntos eran la realidad, mientras que el resto de las cosas resultaban escasas en relación con la magia que me congelaba los huesos, el alma, la sonrisa.

Durante el encuentro de mayo sucedió "lo del pastel". Entramos en una pastelería; cada cual eligió y salimos comiendo, así fuimos por la calle. A. decía que "esperaba no encontrarse con algún alumno"; nos tropezamos con uno de sus compañeros de la Facultad que tal vez nos descubrió como la pareja esencial que ya éramos.

Cuando finalizó el cursillo le llamé por teléfono, le dije que tenía que hablar con él. Estábamos sentados el uno frente al otro cuando pronuncié con brusquedad —de no ser así no me habría atrevido a decirlo—:

—Me horrorizaba la idea de no volver a verte; hizo un gesto y me contestó:

—Bueno, ya nos veríamos.

Era una persona profunda. Expresaba mucho entre su porte de hombre superior y un gesto de desesperado; a mí me parecía que nos hacía un favor al vivir aquí en la Tierra porque él pertenecía a una dimensión distinta de la existencia.

Me quedo suspendida pensando: "Cuánto habré tenido que sufrir para aceptar ahora con tranquilidad, la idea de que ya se ha muerto'. La vida entera y la totalidad de las cosas me parecen fantasía, una masa inmensa de extrañeza.

Paseamos por la alameda de la ciudad observando los árboles. Antes, recuerdo que había llegado tarde a la cita porque quería que él me aguardara. Entré en los lavabos de la cafetería y al salir le vi fuera; estaba allí esperándome, y supe entonces que yo había pasado por el mundo, que mi vida tenía sentido por estar formando parte de la escena, de aquel encuentro. Era primavera. Paseé por las calles y sentía el momento; comprendo que lo eternicé; le otorgué todo el barniz de quietud que puede emitir la profundidad de mi conciencia. Puedo sentirlo ahora, cuando lo escribo, lo que me permite intuir con nitidez que algo de inmortal tiene que haber en el interior de los humanos; tal vez la memoria que cede cada generación para que recuerden otros: la misma quietud, el mismo dolor, el mismo amor, la misma belleza, la agonía, el descubrimiento, el terror.

No puedo llegar más allá y lograr decir en qué consistía la magia mientras caminaba por la alameda de la ciudad en una tarde única, para alguien único que era yo, en la víspera de las fiestas con las flores ya abiertas. Sabía que todo aquello era extraordinario; tal vez por eso, pasados más de veinte años, puedo revivirlo con la conciencia del esplendor que tuvo en su momento. Esta vez me acompañó también a la estación de tren, para la despedida. Me prestaba libros sobre estilo literario y temas así; yo quedé en devolvérselos cuando los hubiera trabajado, empeñada como estaba en aprender a escribir.

La tarde de agosto tuvo sus momentos previos. Esta vez vino él a mi ciudad. Por la mañana, al arreglarme, dudé entre lavarme el pelo o no; decidí no hacerlo, estaba limpio; llevaría mi pelo recogido. Me vino a la mente un anuncio de televisión en el que un cantante decía algo así como: *Hoy puede ser un gran día.* Quedamos en vernos en un café que estaba cerca de casa —donde desayunaba a veces con mi vecina Milagros, y Tomás me había visto hablando con R.P.—, fue allí cuando A. me dijo:

—Tú caminas por aquí, pero estás en otro mundo. (Había hecho el viaje para traerme un diccionario, y yo le devolvía los libros que ya había utilizado).

Esta fue la tarde de agosto que después relacioné con el poema de Aleixandre, de su obra *Historia del corazón* y que A. nos había leído en las clases. Lograr una experiencia así puede justificar toda una existencia. Fuimos al mar. Cogimos su coche y vimos paisajes de acantilados; nos sentamos durante unos momentos en las piedras y observamos al fondo el mar. Cerca estaba su hombro, su voz, el recuerdo; esta vez, se refirió a Borges. Aquella tarde estaba siendo la preparación de los surcos de soledad por los que iban a discurrir todas las demás.

—¿Qué tengo que hacer cuando te eche de menos? —le pregunté.
—Llorar —contestó.

Me reconocí entonces en mi naturaleza: una especie de mujer indefinible, identificada consigo misma y llena de plenitud solo porque aquel hombre pasaba conmigo una de sus tardes. Cenamos juntos, se acercó la noche; actos simples concentrados en estar. Durante la cena recuerdo que se cayó el broche de mi pelo —del recogido improvisado que llevaba por peinado—, como si esa sutileza de sonido resumiese toda la solemnidad de los momentos grandes, reacios a dejarse apresar en recuerdos, palabras o frases ahora.

Nos dirigimos a un local de la ciudad para escuchar música; y allí fue el beso.
Sentado ante mí, hablando, me dijo:
—Ven. Me senté a su lado. Yo le respondí:
—Te vas a olvidar de mí; a lo que contestó:
—Yo me olvidaré de ti cuando me vaya de este mundo.

Pues bien, A. ya no está en el mundo. Nuestra relación parecía ser un juego de persecución entre los mundos:

"yo no caminaba por este mundo"; "él se olvidaría de mí solo cuando se fuese de este mundo". El concepto 'mundo' nos engloba, nos hace existentes alrededor de formas de flotación. La densidad de las almas no facilitaba la asimilación de los vapores de oxígeno, de la visión de las farolas en el paseo marítimo. Lo nuestro era indagar otras posibilidades del espíritu, pero, conservando los cuerpos, la determinación biológica minuciosa que nos había constituido como los cuerpos que éramos. Yo había sentido terror solo por imaginar que su cuerpo sería algún día descompuesto por la muerte. Ahora, no lo veo así: lo siento intacto, protegido de las contaminaciones de la sociedad; lo llevo conmigo como lo he llevado siempre.

XX.

La historia de la literatura

Si la pasión física con Tomás no se realizaba, debía prepararme para soportar otro amor etéreo, con fuerza mental insoportable. Actos sexuales solemnes y disparatados, o la negación del amor físico, otra vez, sintiendo la presión, la permanencia, y la fuerza de seres que —vivos o muertos— se hacen presentes con tal rotundidad, que anulan cualquier trazo de determinación que no sea la contundencia, la necesidad, la consistencia de aquello que les hace ser lo que eran, y que se nos muestra ajeno a las circunstancias.

Entendí que: 1. El deseo es la anticipación del destino. 2. El sentimiento amoroso no depende de la voluntad individual. 3. Existen fuerzas ajenas a los individuos que determinan conductas. 4. Al ser humano le corresponde la actitud de maravillarse y rezar para dar gracias a algo superior que esparce sus alas y poder por cualquier parte.

Tales presupuestos que, expuestos así, se corresponden en su apariencia con enunciados ideológicos, se iban convirtiendo en puntales sostenedores de mi vida: pilares-sostén que no iban a permitir que me derrumbara ante las desgracias.

No podía ser que, con tan poca diferencia en el tiempo, dos seres tan importantes para mí, hubieran desaparecido para siempre; si eso había ocurrido tenía que ser por algo. Es verdad que una posibilidad sería aceptarlo sin intentar extraer de esos hechos significado, pero tal actitud no se correspondería con las tendencias naturales de un ser racional, así yo buscaba sentido; el único que hallé es que la pasión se iba acercando con su color envolvente de dorados divinos. Si Tomás y yo nos íbamos a encontrar, eso sucedería a pesar de todo, a pesar de su indiferencia, de su huida, de la apariencia al hacer como que no había pasado nada. Se calentaba la hoguera: el infierno, el tiempo y el pensamiento se aliarían como bandidos en relación con el terror, y nada podría detener las fuerzas desplegadas de esa naturaleza. También comprendí que la distancia física no solo no contribuye a olvidar a los que amamos, sino que sucede lo contrario: la separación espacial une a los amantes, en igual proporción que las distancias en el tiempo, aunque sean enormes, de modo que, si tenía que suceder, sucedería. 'La tercera posibilidad, no' —amor—, que Tomás decía, se iba a convertir —porque ya lo era mucho antes de que fuese— en la única posible. Este aprendiz de padre de gemelos iba a tener que jugar el papel de nuevo, así, amar aún a riesgo de enloquecer: amarme a mí, a la vecina del trece.

  Cuando nos volviésemos a meter en la cama, esta vez sería de verdad, no solo como cuando un hombre y una mujer que se gustan o se quieren lo hacen, sino que nosotros íbamos a ilustrar toda la historia de la literatura, entre las sábanas y los dientes. Yo quería belleza. La quería masticar como ratones lo harían con animales muertos encarnados; tendría que ocurrir con la necesidad intrínsecamente horrible, y nada de los laberintos carentes de sentido. La pasión se haría bilis, tomaría la forma, fugaz y temporal, de millones de alacranes escondidos que salen de algún lugar esparciendo alas; como si los alacranes adquiriesen órganos así, o los insectos explosionasen oquedades de vampiros. Recorreríamos el cuerpo como recién salidos de alguna clase de estallido, como el mundo inicial, lleno y lleno de parajes de flores: amapolas brillando, lirios, valles, sótanos y ríos mezclados con la saliva de la lengua; y nos íbamos a reír de la broma esta de las muertes. Pasearía yo mi boca por sus muslos largos, y descansaría después, como la fulana que quise ser, por vocación, desde que desperté a la vida, mezclada con el clamor y los hálitos del espíritu santo. Tanto erotismo contenido yo lo haría brillar, entre mis medias contagiadas de coquetería, y los labios rosas o los collares de perlas. Perfumada como una nube de cristal, iría a él, predestinada, y así el sueño adquiriría sentido, y los besos simbolizarían, con pureza y limpia expresión, la genialidad y la maravilla del Dios que se hace presente, como nadie, entre la separación de los sexos cuando se encuentran, por fin, después de desplegada la extensión de las eternidades de los siglos. Llegado un momento del desarrollo de la historia no podría saber si mi amante era Tomás, Salinas, Cernuda o García Lorca. Follar equivaldría a lavarse los dientes con el afán higiénico de las repeticiones, mientras, en la mente, caminaba A., Luis, con los pasos y los gestos eternos que ya, con maestría, cada cuál a su modo, me entregaron en sus vidas. Tomás era Dios, y yo sería su sirena; su prostituta de lujo, erotizada en singular por las potencialidades de la muerte. Masticaba besos; no era necesario tocarse, verse, olerse, para que se cumpliese el sueño: yo vendaval-quietud, y él condena. Resultaba excitante el aire, la primavera de febrero, las islas narcisistas de la soledad que ahora se confirmaban: pasión y pasión, carne y carne; boca, lengua, sangre; muerte, ¡y qué! mientras pudiésemos, por fin, masticar los gestos.

XXI.

Desperdicios orgánicos

La pasión engordaba. Una naturaleza tan etérea como la que constituye el sentimiento se volvía sólida, decidida a ocupar las esquinas escondidas o más inaccesibles de la mente. El sujeto que la padecía era yo, y estaba cansada. Me estaban entrando deseos de irme al mundo al que ya pertenecía A., y olvidarme del absurdo causante de dolores sin sentido. Por el hecho de que Tomás adivinara algunas profundidades de mi interior y me hubiera rescatado de la desesperación en un momento, eso no parecía suficiente motivo para que no pudiera soportar la existencia sin él, y me sintiese ahogar, habitando una dimensión de soledad que comunicaba con la nada.

Algunos días veía con nitidez que él no tenía escapatoria: terminaría aceptando que me amaba, por tanto 'la tercera posibilidad: sí'. Estaría preso de un destino mucho más sabio que mis cavilaciones o mis dudas, y tendría que caer, por fin, en el pozo negro. Otros días me despertaba sabiéndome encerrada en la misma espiral: yo era esclava del amor, esa substancia que persigue a la humanidad desde el inicio, se acrecienta en épocas históricas y pulula por los cerebros de los humanos como nidos de mosquitos asquerosos y ruines, poniendo y salpicando con sus huevos-líquenes odiosos todo cuanto esparce por ahí, por cualquier parte. En otros momentos comprendía que Tomás tenía miedo, por eso huía; temía a la destrucción que sospechaba asomándose, entonces yo pensaba que eso también lo había temido A., y ahora él ya estaba muerto.

Se volvía amarga la vida para las mentalidades obsesivas. Mi primera obsesión había sido el incesto —cuando empecé a poner en duda la pureza—; la segunda, y eterna, el amor; y la tercera, entre todas las otras, el tiempo y sus cómplices, es decir, los días, los minutos, las horas. La literatura había sido el gran sueño, como el ángel que lo divisaba todo desde arriba, y se me estaba convirtiendo en un estercolero. Los viernes por la tarde solía visitar las librerías y salía de allí con sentimientos aún más duros y amargados; veía cientos de libros interesantes, y yo solo disponía para crear de una vida cualquiera, y de cuatro flecos deshilachados destinados a morir como el resto de las cosas; y con ese material —me decía— tendría que esculpir la belleza que después se podría, con gusto, destinar a la basura.

Mi pasión se encontraba robusta al despertar por la mañana. Me permitía pensar en los desperdicios orgánicos que hacen crecer plantas y flores, como si pudiese ver con claridad que morir solo puede servir para resucitar intensidades, en este mundo o en otro. Pensaba en los brazos largos de Tomás, y los imaginaba convertidos en pieles dulces de serpientes que me aprisionaban la garganta o la lengua, mis propios brazos o mis recorridos. Y en el orden de la realidad, Tomás pululaba por la portería, iba al banco, cuidaba a sus gemelos, y estudiaba ruso o polaco o búlgaro, un rato antes de dormirse. Después yo veía que, aunque la gente ame, anda erguida sin descomponerse por la calle como borrachos enfermos; mientras a mí me costaba esfuerzo y dolor fingir naturalidad de vivir, porque me sentía casi muerta, como Luis y A., mucho tiempo antes de que A. hubiera muerto.

Todo esto estaba siendo un paseo por el subterráneo de nuestras mentes, esos lugares oscuros e inaccesibles adonde solo llega Dios con sus anzuelos dañinos para la fragilidad de los componentes: células y masa incardinada o cosida con hilo fino de tejer paraísos, estrellas, ámbitos extensos haciendo brotar lo imaginario.

Si veía a Tomás entrar o salir ya me sentía sostenida, asegurada en la protección que me cuidaba con mimo, en la distancia. Si lo encontraba con Estefanía, sentía celos y deseos de asesinar, aunque después controlaba ese dolor, por la bondad más poderosa de mi alma; pero estaba desorientada entre todo el conjunto de las sensaciones, perdida dentro.

XXII.

Pasión contenida

E l vecindario cada vez hacía más ruido. En el edificio se profundizaban las grietas. Los vecinos encargaban a trabajadores particulares servicios de reparación e intentaban —contrariamente a lo acordado en la junta de vecinos— arreglar el inmueble, parte a parte. Eso hubiese sido bueno para mi cerebro pero no lo lograba. Yo lo sufría como un todo, con su lógica interna completa, y el continuo atosigamiento del mundo exterior pretendiendo confundir mis intuiciones más profundas. Contuve los afanes amorosos con A. y ahora estaba muerto; contendría los mismos afanes con Tomás y después ya todos moriríamos; y entre la decisión del respeto y la muerte final, volvería a haber tal vez uno o dos besos; otro encuentro confabulando a la casualidad, y días y días de espera, entre dolor incomunicable.

La vecina del sexto era sorda y no le molestaban los ruidos, pero a mí sí, dificultaban mi tarea de escritora; así, muchos días no escribía, con lo que se acrecentaba mi mal humor y los deseos de llorar de modo estúpido. Volvía a convencerme de que no era fácil vivir, crear un espacio de equilibrio entre las necesidades externas e internas.

La pasión otra vez podía quedar reducida a nada, como una nube diluida, o un coágulo desintegrado por la potencia del fluir de la sangre de la que forma parte.

"El amor es una potencia demasiado grande para la dimensión de los corazones humanos, hechos de la materia que comparten las golondrinas, los gusanos, y otros animales variados en sus formas. Y, al amor se le oculta y maltrata porque amenaza, desestabiliza y enloquece"; reflexiones así hacía yo a medida que crecía y pensaba en el tiempo.

Ahora comprendo que la esposa de A. no le tuvo mucho más que yo, a pesar de que ella vivió con él treinta años, y yo apenas varías tardes y un curso de universidad en el horario académico. Es difícil ponerle palabras a experiencias o intuiciones de este tipo, pero contienen una carga cualitativa y densa de enormes proporciones. Los humanos no somos seres adaptados a las cercanías, sino a lo contrario: estamos cerca de lo alejado, y lo cercano, a menudo, se nos aleja; así, estuvo A. mezclado con las noches, con las ideas, con los momentos de tiempo, cuando al tiempo lo absorbe su condena a transcurrir, y lo que desearíamos es que se disfrazase de eternidad para engañarnos. ¡Cómo hubiera podido imaginar mientras hacía los viajes a mi ciudad desde la Universidad que sería la misma esposa de A. quien me enseñaría su casa —al haber ido yo a visitarla pocos días después de haberme enterado de lo sucedido—, y vería los libros, su estudio, presidido por una foto de Borges, una vez que A. ya no vivía! No lo hubiese imaginado. Y que fuese ella quien me diría, durante la visita: "la vida es muy extraña". Mientras, el hijo del portero no se decide a empuñar la antorcha de una pasión, y me mantiene detenida como una perra en celo, cargada, no de fuerza sexual, sino de las potencialidades de los ángeles del cielo disfrazados de vampiros, así, mucho más heterogéneas, conjugando vida y muerte, arte, luz, deseo humano, afán de belleza, fuerza de costumbres, en fin: todo un conglomerado con el que se puede mentir, asesinar, con tal de lograr objetivos simples, como caricias o un beso.

La pasión seguía su curso totalizador y expectante. Se asemejaba a gramíneas triturables. La nada alimentaba a la pasión, la muerte la inflaba como un globo real habría aumentado de tamaño en función del aire. Tomás entraba y salía como un visitante retraído al que yo cada vez veía menos. Su distancia acrecentaba el deseo, y el deseo ya no era solo de él, sino de algo provocador, etéreo, que causaba preocupación pero que atraía. Era como si Luis me arrastrase consigo; la vida se estaba convirtiendo en un lugar despreciable y pasajero. Pero yo lo deseaba. Pensaba en él de un modo tan obsesivo, que era como si el amor no realizado de A., se hubiese unido a la muerte de Luis y a la de A., y solo Tomás recogía —sin quererlo— el legado trascendental que para mí ahora adquirían todas las cosas. Pensaba en las habitaciones de hotel que nos acogerían, y se me ocurría evocar el contacto liberador y la capacidad, que nuestra proximidad iba a generar, de devolverme otra imagen distinta de mí misma. Esta vez el contacto sexual me iba a arrastrar a un subterráneo donde se pudiera descansar del dolor sostenido durante décadas o siglos enteros. Volvía a soñar con besos, y ya no colgaban como uvas, sino que eran farolas de luz, masticables como hormigas de otra selva salvaje. Copular se convertiría en un ritual tan asesino como nacer y morir en este universo despreciable. Pero esta vez sí iba a ocurrir. Lo haríamos. Y al hacerlo, yo podría pensar en la biblioteca de A., y en las reglas del ritmo poético, o en las composiciones sintácticas que debería haber aprendido.

XXIII.

El encuentro

Un sábado me levanté tan obsesionada con Tomás que pensé que tenía que encontrarlo. Hacía días que no lo veía y le echaba de menos. Me arreglé con pereza; se presentaba otro nuevo día sin sentido. Salí a la calle e intenté mezclarme con el bullicio tranquilizador de la mañana. Tal vez lo podría encontrar, pero era difícil; los fines de semana Tomás no solía venir al centro. Esos pensamientos insistentes entendí que formaban parte de mi obsesión repetida. Después de comer dormí la siesta; al despertar se me ocurrió que podía dar un paseo hasta la zona vieja de la ciudad en donde había una exposición de libros antiguos. Allí llegué después de un largo paseo y me senté a merendar en una confitería. Pedí chocolate y un pastel de crema resplandeciente. Ya me había comido la mitad cuando levanto la vista y veo pasar a Tomás. ¡Vaya! —me dije—, ¡increíble!, ¡pero no voy a dejar la merienda interrumpida!... Si he de encontrarlo sucederá de igual modo. Realicé el esfuerzo tras la decisión de seguir comiendo. Terminé con calma, pagué y salí con intención de verlo, pero ¿dónde?, ¡había mucha gente! Si fuese un perro —pensé—, sabría hacia dónde dirigirme, pero no lo soy; y aunque como humana el sentido del olfato o la orientación se encuentran atrofiados, cuento con sensibilidad para dejarme llevar por los hilos divinos que el pensamiento teje para mí en relación con todas las cosas. Fue entonces cuando me dije: "Lo vas a encontrar". Me encaminé hacia un comercio de revistas y me pareció descubrir a Tomás tras una puerta de cristal. Entré. Lo vi agarrando el coche doble de gemelos y me dirigí hacia él; se asustó al verme.

—¡Ay Dios mío! —dijo.

—No quiero asustarte —le respondí—. Hablamos de los bebés, a los que yo miraba; pero en realidad los niños eran el fondo de la gran forma que era Tomás. Se acercó su mujer, que estaba pagando una compra, y mantuvimos una breve conversación de cortesía.

—¡Ah, sí!, tú eres la vecina del…,

—Del trece —dije.

Me despedí, pensando en que —al alejarme— Tomás estaría observando mi cuerpo por detrás; alegre y maravillada de que se hubiera producido el milagro del encuentro. Reflexioné de nuevo sobre las extrañas relaciones entre la realidad y la ficción, sin que sea fácil diferenciar qué es cada cosa. Novelas y hechos, pensamientos y realizaciones, y mientras: la espera.

En el pasado había aguardado mucho. "Somos tiempo" —me había dicho A. una vez—, y ahora que su tiempo se había acabado, se me impone el presente como un verdugo asesino para hacerme daño con una pasión detenida, amenazando desbordamientos impensables y más espera y contención, más sacrificio.

La verdadera pasión tal vez se relaciona con esta congelación aislada de sentimientos. Sería más fácil alcanzar rápido alguna forma de plenitud o despliegue sexual, una materialización en la forma de los cuerpos de la idea sugerida en aquel conjunto de poemas, pero entonces no tendría las barreras y los diques que me hacen dibujar palabras en los días; distribuiría mi tiempo de otro modo más singular, así, repetiría las escenas de los amantes de los siglos, ya que siempre ha sido de ese modo: una originalidad repetida, como cada vez que alguien muere o nace.

Iba a ser inútil que yo dijera, por ejemplo, a mis amigos, que me había ocurrido una desgracia: "Alguien con quien, hace tantos años he tenido una relación sentimental, acabo de enterarme de que se ha muerto". ¿Qué me podrían decir? ¡Ay que ver, qué cosas ocurren; qué mala época estás pasando!... Expresiones así; y alrededor, aleteando la estela infinita de gavilanes o palomas procedentes de otro mundo y soplando frases como: "Vamos, decídete, persigue a Tomás; métemelo en una cama; tritura a sus gemelos, pero lámele la piel, hazla sangre". O "llegará otra noche y vas a sentir tu cuerpo brillar; vas a ver cómo tu cuerpo lo llama y se convierte en pasión corporeizada el cuerpo que el azar te ha entregado entre todos los posibles cuerpos del mundo". "Si la pasión no toma cuerpo será el cuerpo el que se tornará pasión: te queda la resolución en solitario y llorar después, como si el ángel se colara confuso ante la desintegración y se volviese más puro; ángel carne o gavilán de luz, dolor y soledad más grande".

Cada vez se volvía más intensa la soledad. En el momento en el que surge una pasión —me decía— aquel que la genera se convierte en portador de la noticia de la muerte del hombre que has querido. Robustecido de ese modo se encontraba Tomás. Varios giros de tuerca había tomado la vida en él: vida-vida-muerte-amor-muerte; muerte-vida-amor-vida-vida. E indiferente a ese milagro, él entraba, salía; me encontraba de casualidad, no me buscaba. Me dejaba pudrir, como una perra malherida por las fuerzas de la luz, por la oscuridad procedente desde la luz más absoluta que se me había entregado a mí sola.

Durante las noches me levantaba a beber. Quemaba el cuerpo. Me molestaba la lengua. Recordaba la existencia de mi pecho, el ombligo, los muslos, los dedos de los pies. Me imaginaba en una tumba de muerta, y deseaba amor antes de que amaneciera el día. Llegaba la claridad en la mañana. Observando mis pies entre el suelo, salía de la cama decidida a perseguir otra jornada llena de barniz brillante de vacío; y así hasta el sábado, cuando la actividad mental se volvía más intensa, después de rastrear en las semanas el fardo pesado de las noches con sus días.

Había pasado el invierno. Ya no era julio. Se iniciaba una primavera tras febrero, y el alma comía madera; sentía mi alma devorando lo que les hubiese correspondido a las polillas: tal era el dolor mezclado con la pasión creciendo con las patas hacia arriba. Podía rezar, confiar en el milagro del destino, y acariciar mi cuerpo, sin saber si esa acción era caricia o golpe, placer o miedo. En cualquier caso, todo horrible; había soledad, muerte, y una vida soñada que no se dejaba jamás apresar con los dientes. Solo la visión momentánea, la mano de Tomás, nuestro beso, había sido la belleza; y el correr de los días, como si el universo fuese un manto, un mes de septiembre.

Era como si un hilo muy fino y distante nos uniera. Como si Dios se sirviese de esas sutilezas para desenhebrar los cerebros antes de que la muerte los cercase, por fin, con la disolución orgánica. Mi interior: alma, unidad, yo, imaginación, capacidad de representación, se sentía enganchada a la presencia del cuerpo muerto de Luis, en aquella tarde sagrada de junio hecha de dolor, con la nada de Dios masticándose al fondo. Y ahora, una contención de sexualidad me oprimía, como si yo fuese la primera hembra de la creación necesitada de perpetuar la vida. Pero Tomás creía haber cumplido ya con su misión: mostrar la luz adherida a la oscuridad, anunciar el carácter cíclico de la naturaleza toda, así, la vida renacida ahora, la potencia del sentir enrollada en beso posible que se había hecho real otra vez como un milagro.

Volvía a estar sola, más sola; para inventar la misma subjetividad dañina repleta de deseo, de sueños, de imposibilidad: un gran fracaso hecho de años, con logros tal vez sociales, pero con el mismo espíritu diluido de siempre, acogiendo el vacío de los atardeceres; sin hombre protagonista de poema, sin alcoba de belleza, sin lecho de muerte; sin ninguno de los elementos de lo que hubiera sido para mí la correspondencia con el verano aquel, con Luis, o los instantes en el aula de A.

XXIV.

Andamios

Ayer, poco después de levantarme me asomé a la ventana. Quería asegurarme de que se acercaba de verdad la primavera. Descubrí hileras de andamios alrededor de la fachada de mi casa. Eran como brazos o balcones. Algunos vecinos habían retirado los recipientes de macetas y se empezaban a sentir los golpes y ruidos que iban a permitir apuntalar el edificio, tapar las grietas. El portero, que vivía en el piso más alto, miró hacia abajo; me vio. Pensé en dónde estaría su hijo, aquella representación sublime de lo que estaba siendo un cuerpo humano.

Me dije que no debía ceder a la desesperación, así, no asesinaría a los gemelos, ya que el impulso más grande debería ser querer el bien. Podría seguir soportando el mismo dolor, que ya me era conocido, como a un hijo pervertido y deforme que hubiese generado mis entrañas. Mi propia elevación, provocada por Luis, reforzada por A., agrandada por la imaginación de los años míos, alcanzaría su continuidad siguiendo en el disparate certero de aproximarme a la locura.

Tal vez llegase otro beso antes de alcanzar mi propia muerte.

Durante aquellos días, en el mundo había estallado una guerra, entonces comprendí que el tiempo se hallaba en el momento propicio para que algún tipo de exaltación pasional, corpórea y asequible para mi mente, sucediese, por fin, en esta parte del siglo. Me parecía que el escenario se encontraba para nosotros preparado al fondo, y que solo tendríamos que poner la fuerza de decisión que nos llevara a tocarnos durante horas ininterrumpidas de espacio sentido dentro. Si el Destino había traído para mí la noticia de la muerte de A.— habiendo sido Tomás el portador de ese aviso— no era motivo de extrañeza descubrir ahora que la maquinaria bélica cercando los horrores, nos podría servir a Tomás y a mí para que nos amásemos físicamente durante tardes largas.

Pasaron los primeros días de la guerra y Tomás estaba desaparecido. Apenas nos veíamos. A veces me arreglaba con esmero pensando en el instante de cruzarnos en el portal; después comprobaba que él no estaba, no había venido o ya se había marchado. Mi obsesión amorosa centrada en él, me entregaba mi propia nada, como el día que descubrí a mi hermano Luis convertido en un cadáver. El poder que Tomás tenía para dejarme sentir la plenitud del aire al respirar se ocultaba en él, como un don de extraordinaria pureza que se hallase dentro de una caja fuerte; pero esa llave estaba escondida, y yo anhelaba pasión física: quería el olor que se apreciaba al acercarse al horror, para extraer de allí los besos. Volveríamos a desaprovechar el gran escenario teatral del espectáculo del mundo, y seríamos los de siempre, los semivivos, la alejada representación del ser que se hallaba dentro de nosotros. Solo era necesario resistir cada momento, pero el momento era insoportable. Despertar en las madrugadas, recordar el estado de las cosas: la esencia de mi vida representada en seres que ya estaban muertos, y una pasión amordazada amenazando con convertirme en una loca. No aguantaba el dolor, algo indiferente que no existía ante la vista de todos. Se me ocurrió pensar si el distanciamiento podría ser una forma de la pasión y no lograba comprenderlo.

    El conjunto de los acontecimientos, sin la menor vergüenza, se habían vuelto primavera. La naturaleza —indiferente a los pesares— insulta con flores, con sol provocador, con tardes tibias sin que las pasee nadie. El deseo humano —fenómeno profundo insondable en su misterio— tiende a diluirse cuando ya nadie puede hacer nada para traerlo a la vida; se va, descansa o muere, corriendo calle abajo hacia un torrente podrido, donde la belleza se reduce por los comodines vulgares o potentes del descuido.

    Habían transcurrido meses, el tiempo de una gestación —de junio a marzo—, y en mi interior ya había sucedido un conjunto casi completo de acontecimientos de vida: nació la pasión desde un gesto —que se convirtió en un sueño con beso soñado— y nada más; tan repleto estaba de la esencia del besar, que lo ocupaba todo el beso —de A.— del septiembre lejano, como el preámbulo. Llegó el verano en el que perdí a Luis. Fue entonces cuando Tomás, el protagonista del sueño, me salvó, trasladándome fuera del espacio.

    Nuestro encuentro amoroso en la casa de Luis no había sido completo, sino la provocación; la semilla del hijo; y el hijo creció, más o menos solo, en el interior de la madre que era yo, entre las visitas esporádicas del padre paseando por los pisos del edificio de mi casa y la contemplación de las grietas amenazando la vivienda.

    Se engendró la pasión, creció en mí, se hizo grande. Me acordaba de Tomás en las horribles tardes de los viernes, cuando ya estaba preparada para afrontar otro fin de semana sin verlo, y me sorprendía al sentir dolor por el crecimiento de los huesos de Tomás cuando eso había sucedido en su adolescencia. Era extraño ser capaz de retrotraerse a ese momento. Era tal la admiración que yo sentía por las proporciones y las dimensiones exactas de sus muslos, que era como si quisiera asistir al milagro momentáneo que logró el estiramiento de aquella materia ósea que se había convertido en el esqueleto que lo sostenía; lo mismo ocurría con sus dientes, con las uñas, con los pelos.

Tal vez sea imposible admirarse —en toda la extensión del significado de la palabra 'admirar'— de la infinita belleza que se encuentra encerrada en un cuerpo humano, si no vivimos una pasión. Es entonces cuando lastiman las inmundicias del otro; quisiéramos negar su funcionamiento intestinal y convertirlo en ángel, pero eso sí: un ángel con carne que morder, intestinos, bocas, desechos incluidos.

Me había enamorado también de su movilidad, del modo exacto en que movía los pies al caminar, o de la posición de la cabeza al saludar a un conocido; la manera en que colocaba las manos si escribía —cuando llegaba el cartero—, los gestos displicentes que le hacían parecer antipático. Me gustaba el número exacto de milímetros que separaba el cuello del torso, el torso de las ingles, las manos de los brazos, hasta que comprendí que no había distancia. Me gustaban unos ojos que no se sabía si eran bellos o insulsos —en su actividad de cambiar se habían vuelto variables, con la consiguiente desesperación de mi afán de fotografiar instantes quietos—. Me gustaba su gesto cuando lo vi con el coche de sus hijos gemelos; parecía despreciar un poco aquellos dos amasijos de carne —independientes, tal vez, de la verdadera naturaleza de su espíritu—. Me gustaba notar que ya había pasado tiempo; pero no sentir la pasión en mí, como un pantano o una presa grande, que amenazaba en convertir mi cerebro en un tumor que revienta, que calla, que se esconde, que se lo restriegan los dioses, porque nadie sabe qué se podría hacer con ella. Un hijo que me había invadido toda, que me había quitado el sueño, porque deseaba nacer o morir.

El padre de la pasión se hacía el desentendido. Tenía miedo tal vez de tener que acostarse ahora con una loca; de modo que la otra opción sería destruirla como años antes ya había ocurrido con la pasión generada por A., con quien yo había trabajado día a día el recuerdo y la contención en el olvido.

El destino se anunciaba y sostenía; tensaba los hilos que alguien manejaba lejos de nosotros. Se hacía largo el tiempo, y el Universo parecía un engranaje relojero, preparado en su totalidad para que dos seres humanos tuvieran que encontrarse. Y se encontraban, sucedían extraños encuentros. Ficticios. Simulacros de ficción parecerían, si se narrasen. Me encontraba con Tomás en lugares y momentos insospechados, y al verlo iba tras él, como un condenado a morir cumpliendo su pena, como un cordero tras su matarife; nos saludábamos.

La primavera ya consolidada; y la misma presión, la misma espera. Al vernos, él se sorprendía, como si un fantasma lo persiguiese, como si el pensamiento se le hiciese real, cuerpo presente; y yo me iba, avergonzada, por haber vuelto a encontrarlo.

Se me ocurrió pensar que tantos meses de parálisis tendrían que haber sido causados; la cuestión estribaba ahora en saber cuál podría haber sido la causa. Fue entonces cuando pensé que una posibilidad sería que lo que más le gustara fuera masturbarse, y que únicamente necesitase cierta excitación con el fin de quedarse solo.

Como si hubieran huido las ideas, las tardes y las noches; se resistía a desaparecer cierta flotación contaminante que llenaba posibles claridades y espacios. Aumentaba el grosor de las otras primaveras, de las que aún no habían venido. Se me llenaba el futuro de un cierto sostén sin equilibrio, aún antes de tenerlo frente a frente. El último encuentro había tenido lugar en la panadería. Vi cómo compraba. Se comportaba solo como un vecino más, no como el salvador que era en torno a mi manera de sentir y descubrir qué era el ser y qué la nada.

XXV.

Locura

Se detuvo la acción del relato porque lo que se pretende narrar se vio a sí mismo detenido. Transcurrían hechos independientes del nudo de la historia. El mundo entero moviéndose. Entre Tomás y yo crecía la distancia y me engordaba la cabeza; respirábamos un oxígeno más grueso, repleto como se encontraba de disculpas, y las composturas.

De repente, él volvía a ser quien era: un subalterno social en el conjunto de mi vida, y yo aquí, con escaso material de escritura, porque la imagen del poema inicial no alcanzaba su deseada forma. Pasaban días y no ocurría nada. El tiempo se asemejaba a siglos. Crecía mi deseo en solitario; atravesar las cinco de la tarde se había convertido en un suplicio; y yo no había imaginado, ni en mis mejores épocas de feroz lectura, que una pasión por un hombre podría alcanzar tales dimensiones: deseo físico, afán de devorarlo tocándole la piel hasta comer huesos o admitir su mierda. Desear lamer. Comprendí que el acto sexual era una ínfima representación del afán por traspasarle y perder mi individualidad, que era lo que yo, en el fondo, perseguía. Habría elegido convertirme en sangre, diluida toda, y dejar el cuerpo, abandonar mi configuración con tal de alcanzar trozos de esqueleto.

Era una pasión mortal. Luis me sonreía desde su limbo, con el erotismo más bello jamás imaginado.

Las noches me traían dolor escandaloso. La historia de la literatura española se hacía mirada en el recuerdo intenso al que yo sometía la ya pasada existencia de A., mi admirado profesor. Y me dolía todo: la adolescencia, el recuerdo de las veces que en la infancia, me perdí en la calle sintiendo terror por estar sola. Y dormida, soñaba.

Una noche soñé con Tomás convertido en otro hombre más decrépito. Pero aquel desconocido me traspasaba mirándome con tal brillo cegador, repleto de luz, que me sorprendió una fuerza inconcebible protegida por el sueño. Él transportaba mi rostro hasta el cuello, como si yo fuese estatua y, al sentirme mirada, veía mi propio interior identificado con lo que él también veía: la dulzura que me había hecho ser una niña; mis labios, mis únicos ojos, mi ser. La inteligencia. Como un destello de desconocido origen procedente de otro mundo. Y me desperté sobresaltada.

Hubo otras noches, madrugadas salpicadas del acto de despertar y repasar la lista de los muertos; la localización del cementerio, el lugar: noción que se encontraba traspasada por hechos terroríficos.

Y me moría de ganas de estar con el hijo del portero, convertido en Dios y en demonio; quien teñía mi existencia de un reguero de barrios inútiles; ciudades-dormitorio sin hoteles ni estancias. No éramos capaces de hallarnos de nuevo. Algo nos detuvo, como el tiempo en la narración; lleno solo de pensamiento suspendido.

El destino trabajaba mejor que mis deseos de encontrarlo. Le veía subir y bajar; entrar en el portal, recorrer el edificio cuando no lo buscaba.

Le vi en la panadería, por segunda vez: conversaciones cortas, y continuábamos resistiendo más la espera. Comprobaba que en el mundo se producían hechos pero que a mí no me ocurría nada: el único suceso no tenía lugar. Era tan frágil lo que existía entre los dos, que el menor error amenazaba con romper alguna naturaleza inmaculada que convertiría mi corazón en el próximo muerto, ante el menor descuido.

La locura se volvía a insinuar entre las noches — los conocidos crujidos de las conexiones neuronales— pretendiendo alcanzar territorios difusos.

ACERCA DE LA AUTORA

Cristina Gufé (A Coruña, España. 1956). Licenciada en Filosofía y Ciencias de la Educación —Sección Psicología— por la Universidad de Santiago de Compostela. Funcionaria de carrera del cuerpo de profesores de enseñanza secundaria en la especialidad de Filosofía. Ha participado en numerosos cursos de formación de Filosofía, Psicología, Pedagogía y Literatura. Ha escrito novela, poesía, ensayo, crítica literaria, artículos, etc. Tiene dos libros publicados: La novela *99 Cartas a Kafka* —con un prólogo del poeta y editor gallego Miguel Anxo Fernán Vello— y la Antología de poesía 1982—2016 *Límites de realidad*—con un prólogo del poeta catalán Pére Gimferrer—. Ha publicado poesía en la revista *Hybrido Magazine* —25 años, 2022— de Nueva York (Spanish edition). *99 Cartas a Kafka* ha sido presentada en varias ciudades españolas y también en la librería McNally Jackson de Nueva York, en julio de 2015. Novela que ha sido traducida al finlandés y será publicada por la Editorial Aviador de Helsinki (Finlandia), en el año 2026. Actualmente escribe artículos para el periódico *La Voz de Galicia*.

ÍNDICE

La antesala del beso

I. ¡Basta de preámbulos! · 15
II. Las manos · 21
III. Fiesta de cumpleaños · 29
IV. El verano del descubrimiento · 37
V. Paraje incierto · 43
VI. El canto de junio · 47
VII. Misterio · 55
VIII. Territorios flotantes · 61
IX. El poema · 69
X. Grietas · 79
XI. Profetas mudos · 87
XII. El legado · 95
XIII. Pura posibilidad · 103
XIV. La antesala · 109
XV. Doble negación · 117
XVI. Coreografía · 125
XVII. El beso · 135
XVIII. El mensajero · 143
XIX. Un corruptor de la juventud · 151
XX. La historia de la literatura · 161
XXI. Desperdicios orgánicos · 167
XXII. Pasión contenida · 173
XXIII. El encuentro · 179
XXIV. Andamios · 187
XXV. Locura · 195

Acerca de la autora · 203

OTHER COLLECTIONS

Fiction
INCENDIARY
INCENDIARIO
Homage to Beatriz Guido (Argentina)

1
Alyz en New York Land
Novela
Jesús Bottaro (Venezuela)

2
Historia de una imaginación memorable
Novela
Andrés Felipe López López (Colombia)

3
Things I Cannot Say
Novel
Elssie Cano (Ecuador)

4
Hay cosas que no puedo decir
Novela
Elssie Cano (Ecuador)

5
Hay una bestia
Cuento
Elssie Cano (Ecuador)

6
La otra orilla y otros relatos
Cuento
Elssie Cano (Ecuador)

7
Historia de una imaginación memorable
(2ª edición)
Novela
Andrés Felipe López López (Colombia)

8
La antesala del beso
Novela
Cristina Gufé (España)

OTHER COLLECTIONS

Fiction
INCENDIARY
INCENDIARIO
Homage to Beatriz Guido (Argentina)

1
Alyz en New York Land
Novela
Jesús Bottaro (Venezuela)

2
Historia de una imaginación memorable
Novela
Andrés Felipe López López (Colombia)

3
Things I Cannot Say
Novel
Elssie Cano (Ecuador)

4
Hay cosas que no puedo decir
Novela
Elssie Cano (Ecuador)

5
Hay una bestia
Cuento
Elssie Cano (Ecuador)

6
La otra orilla y otros relatos
Cuento
Elssie Cano (Ecuador)

7
Historia de una imaginación memorable
(2ª edición)
Novela
Andrés Felipe López López (Colombia)

8
La antesala del beso
Novela
Cristina Gufé (España)

Essay
SOUTH
SUR
Homage to Victoria Ocampo (Argentina)

Non-Fiction
BREAK-UP
DESARTICULACIONES
Homage to Silvia Molloy (Argentina)

Children's Fiction
KNITTING THE ROUND
TEJER LA RONDA
Homage to Gabriela Mistral (Chile)

Drama
MOVING
MUDANZA
Homage to Elena Garro (México)

POETRY COLLECTIONS

ADJOINING WALL
PARED CONTIGUA
Spanish Poetry
Homage to María Victoria Atencia (Spain)

BARRACKS
CUARTEL
Awards Winning Works
Homage to Clemencia Tariffa (Colombia)

BORDERLAND
FRONTERA
Hybrid Poetry
(Spanish - English)
Homage to Gloria Anzaldúa (U.S.A.)

CROSSING WATERS
CRUZANDO EL AGUA
Poetry in Translation (English to Spanish)
Homage to Sylvia Plath (United States)

DREAM EVE
VÍSPERA DEL SUEÑO
Hispanic American Poetry in USA
Homage to Aida Cartagena Portalatin (Dominican Republic)

FEVERISH MEMORY
MEMORIA DE LA FIEBRE
Feminist Poetry
Homage to Carilda Oliver Labra (Cuba)

FIRE'S JOURNEY
TRÁNSITO DE FUEGO
Central American and Mexican Poetry
Homage to Eunice Odio (Costa Rica)

INTO MY GARDEN
English Poetry
Homage to Emily Dickinson (United States)

LIPS ON FIRE
LABIOS EN LLAMAS
Opera Prima
Homage to Lydia Dávila (Ecuador)

LIVE FIRE
VIVO FUEGO
Essential Ibero American Poetry
Homage to Concha Urquiza (Mexico)

REVERSE KINGDOM
REINO DEL REVÉS
Children's Poetry
Homage to María Elena Walsh (Argentina)

STONE OF MADNESS
PIEDRA DE LA LOCURA
Personal Anthologies
Homage to Alejandra Pizarnik (Argentina)

TWENTY FURROWS
VEINTE SURCOS
Collective Works
Homage to Julia de Burgos (Puerto Rico)

VOICES PROJECT
PROYECTO VOCES
María Farazdel (Palitachi)

WILD MUSEUM
MUSEO SALVAJE
Latin American Poetry
Homage to Olga Orozco (Argentina)

INTERNATIONAL POETRY AWARD
PREMIO INTERNACIONAL DE POESÍA NYPP
Award Winning Authors
Homage to Feature Master Poets

For those who, like Beatriz Guido, know that *"the fire that devours — the fire — all else is silence,"* this book belongs to the Incendiary Collection, created in her honor to celebrate the voices that keep burning so the word may endure beyond the ashes. This book was published in New York City, United States of America, in November 2025.

www.ingramcontent.com/pod-product-compliance
Lightning Source LLC
Chambersburg PA
CBHW020051170426
43199CB00009B/250